Ser ou estar feliz

SHIRLEY CAPELLA

Ser ou estar feliz

Contos, crônicas e conselhos

Editora Labrador

Copyright © 2019 de Shirley Capella
Todos os direitos desta edição reservados à Editora Labrador.

Coordenação editorial
Patricia Quero

Projeto gráfico, diagramação e capa
Felipe Rosa

Revisão
Daniela Georgeto
Maria Isabel Silva
Luiza Lotufo

Dados Internacionais de Catalogação na Publicação (CIP)
Angelica Ilacqua CRB-8/7057

Capella, Shirley
Ser ou estar feliz : contos, crônicas e conselhos / Shirley Capella. -- São Paulo : Labrador, 2019.
112 p.

ISBN 978-85-87740-86-1

1. Autobiografia 2. Capella, Shirley, 1971 - Autobiografia I. Título.

19-0695   CDD 920

Índice para catálogo sistemático:
1. Autobiografia

EDITORA
Labrador

Editora Labrador
Diretor editorial: Daniel Pinsky
Rua Dr. José Elias, 520 – Alto da Lapa
05083-030 – São Paulo – SP
+55 (11) 3641-7446
contato@editoralabrador.com.br
www.editoralabrador.com.br

A reprodução de qualquer parte desta obra é ilegal e configura uma apropriação indevida dos direitos intelectuais e patrimoniais da autora.

A editora não é responsável pelo conteúdo deste livro.
A autora conhece os fatos narrados, pelos quais é responsável, assim como se responsabiliza pelos juízos emitidos.

– SUMÁRIO –

INTRODUÇÃO	7
EU POR MIM MESMA	9
A VIRADA!	13
SER OU ESTAR?	17
TRAUMA DA INFÂNCIA	20
MUNDO CORPORATIVO	23
FAMÍLIA	27
BULLYING	30
DEPRESSÃO	34
FINANÇAS	37
INVESTIMENTO	40
VIGARISTAS E GOLPISTAS	43
ABUSO	47
SEXO NO CASAMENTO	50
AMIZADE	53
A ALEGRIA DA GRAVIDEZ	56
COMPLICAÇÕES NA GRAVIDEZ	59
FURTO EM CASA	65
ANIMAIS DE ESTIMAÇÃO, *PETS*	70
A QUEM DAR UMA PROCURAÇÃO?	73
TRABALHO	75
AMIGO SECRETO, NUNCA MAIS	80
O PRIMEIRO BEIJO	83
MEDO	87
AMAR-SE	90
O REI NA SELVA	93
INVISÍVEL	95
FÉ	98
O SEGREDO DA FELICIDADE	103
NATUREZA	106
PESSOAS COMUNS TÊM VIDAS INCOMUNS	110

- INTRODUÇÃO -

"Seja a mudança que você quer ver no mundo."

Mahatma Gandhi, ativista da não violência,
advogado e líder político indiano

Sobrevivemos num momento de muitos contatos e pouco contato. Conversamos a distância. Escrevemos muito, ouvimos pouco. Conhecemos o mundo, mas não conhecemos a nós mesmos. Um momento em que muitos optaram apenas por "aparência", "ostentação" e "divulgação". Uma época em que nos preocupamos mais com as flexões que deixamos de fazer do que com as nossas reflexões.

Um mundo pouco amigável, mas que podemos mudar. E essa mudança só pode se iniciar em um lugar: em cada um de nós. A mudança depende da nossa escolha em querer evoluir. Acreditando nisso, pensei em como incentivar as pessoas a pensarem diferente.

Como a nossa vida não se restringe a um assunto, decidi compartilhar uma miscelânea de temas que mostram um pouco do que a vida vem me ensinando. Escrevo sobre eventos e histórias que me conduziam à ausência de alegria e faziam com que eu me sentisse sem rumo, sem opção, mas que serviram para me fortalecer, mostrando que, mesmo quando o mundo não nos valida, a maior vitória está em como encaramos os percalços existentes dentro e fora de nós.

A ideia deste livro surgiu de um desejo e tomou forma devido ao amor materno mesclado ao desejo de melhorar meu filho e o mundo que o rodeia.

Quando éramos crianças, costumávamos pensar que mãe boa era a mãe dos outros, mas daí crescemos e descobrimos que nossa mãe é maravilhosa (ou não). Costumávamos ouvir e considerar bem mais os conselhos da mãe dos outros.

Como mãe, gostaria que meu filho aprendesse sem cometer erros ou sofrer, todavia isso é impossível. Seu caminho será trilhado e, em alguns momentos, aparecerão bifurcações, encruzilhadas e muitos obstáculos. Decidi contar histórias que mostram que é possível viver de maneira mais alegre.

Meu desejo é demonstrar que, mesmo parecendo não haver opção, a cada momento, a cada fase da vida, você tem várias escolhas a fazer. A principal delas é a maneira como você irá reagir a algo que aconteceu na sua vida.

As histórias que vou compartilhar são pedacinhos de minha vida e fragmentos da vida de outras pessoas. E é com muito amor que as coloco em suas mãos para que possa ajudá-lo. Leia, releia e reflita sobre elas. Lembre-se do provérbio popular que diz que "sábio é aprender com o erro do outros". Busque ser melhor do que você foi ontem e acredite em ser bom sempre. Escolha estar feliz no seu tempo, no seu momento, no "ser você".

A finalidade deste livro, portanto, é mostrar que podemos escolher estar felizes e que cada superação advém de uma escolha. Incluí alguns temas que são conselhos que, se você não ouviu, deveria ter ouvido.

Acredito que se todos nós buscarmos ajudar uns aos outros, fazendo o bem, seremos merecedores do melhor que a vida tem a oferecer.

Que este livro lhe sirva ora como exemplo, ora como entretenimento, mantendo em mente que tudo o que acontece conosco pode ser para o nosso bem. Peço que você leia este livro com o coração. E que, depois de lê-lo, escolha estar feliz.

– EU POR MIM MESMA –

"Nunca serei perfeito. Posso viver com isso."

Deepak Chopra, escritor, professor e médico indiano radicado nos Estados Unidos

A felicidade acaba sendo superestimada quando imaginamos que alguém é feliz o tempo todo. Contudo, se escolhermos, podemos ter uma vida mais leve, mais alegre. Pessoas felizes são felizes de maneiras diferentes, pessoas infelizes são infelizes de maneiras criativas. Há centenas de anos foi escrito na Bíblia, em Provérbios 13:7, que "há quem se faça rico não tendo coisa alguma, e quem se faça pobre tendo grande riqueza". O motivo da alegria de um pode não ser razão da alegria para outro. A maneira como encaramos tudo que acontece em nossa vida pode ser motivo de alegria ou frustração.

Somos todos diferentes, aceitar isso é o primeiro passo para estarmos felizes e proporcionarmos momentos de felicidade para nós e para os outros.

O que te empolga? O que faz seu coração bater mais rápido? O que te traz um brilho especial no olhar? O que abranda seu espírito? Sobre qual assunto você falaria por horas sem se cansar e com quem você falaria?

Conheci em minha vida pessoas anônimas e com histórias extraordinárias. As mais felizes foram aquelas que aprenderam a se amar e a amar o outro. Todas essas pessoas têm em comum o cuidado consigo e a dedicação ao que lhes dá alegria.

Dizem que na vida, para nos realizarmos de fato, temos que criar um filho, escrever um livro e cuidar de pelo menos uma árvore. Estou quase terminando, porém ainda há muito mais a ser feito. Você pode não querer filhos, preferir criar lagartas, detestar escrever, adorar ler, amar as árvores do jardim do vizinho, cimentar toda a área de sua casa. As pessoas são diferentes e devemos respeitar essas diferenças. Talvez você pergunte: mas para que respeitar as diferenças? E eu respondo que é para podermos estar felizes.

Se você se incomoda com as escolhas dos outros, você fica infeliz por escolha própria. Enquanto perde tempo criticando o outro, perde também a oportunidade de tornar sua própria vida melhor. Costumo dizer que estou ocupada demais com a minha vida para ter tempo de criticar os outros pelas suas escolhas.

O maior presente que Deus nos deu foi o livre-arbítrio. Ter o poder de decidir o que queremos é extraordinário, porém junto com o presente vem a responsabilidade de nos sujeitarmos à repercussão da nossa decisão. Não colheremos ameixas se plantarmos limões.

Para estarmos felizes, temos de ter a coragem no dia a dia de escolher a alegria em vez da ira. Seria ótimo se tivéssemos uma varinha mágica para fazer "plim" e mudar a situação, mas essa varinha não existe. Lembre-se então do maior presente que recebeu ao nascer: o livre-arbítrio.

Vemos a todo instante notícias ruins, atos de vilania, falta de consideração com o próximo, violência, guerras, mortes e tudo que endurece o coração. Passam-se os dias e separamos cada vez mais o "nós" do "eles". "Nós" somos um círculo permeável em que apenas aqueles que compartilham das nossas ideias são bem-vindos. "Eles" são um quadrado com arestas que não permitem que nos aproximemos, possuem ideias diferentes e não aceitam nosso modo de vida. BOBAGEM! Não existe "eles", somos todos "nós", seres humanos. Atualmente, precisamos deixar de ser qualquer coisa para sermos realmente humanos. Por que estamos nesta Terra? Para encontrar a felicidade. Quando eu encontrar uma pessoa chamada Felicidade, darei um grande abraço nela e direi "procurei tanto por você, que bom poder finalmente abraçá-la". Com certeza existe uma Sra. Felicidade por aí.

Um amigo certa vez contou que, para impressionar uma namorada, disse que tinha uma Mercedes. A garota, interessada, saiu com ele, e, no final da noite, ele a levou até sua casa e a apresentou à sua mãe, que se chamava Mercedes. O namoro não durou, mas a piada permanece até hoje.

Eu sou uma pessoa que busca a felicidade e que compartilha a alegria que encontra pelo caminho. Algumas vezes deveria permanecer de boca fechada, mas não resisto... Meu único limite é o respeito a cada pessoa. Sou um tanto quanto teatral, diariamente faço algum comentário inadequado que causa risos a quem ouve, passando pelo que muitos julgam ser ridículo, porém um riso improvável no rosto das pessoas é minha gratificação.

Ao contrário do que possa parecer, minha vida não foi fácil: fui vítima de *bullying* na escola (até a oitava série eu me importava, no colegial passei a não me importar mais); fui assediada na adolescência (o termo estupro me parece muito forte para descrever a violência de ter seus seios ou vulva apalpados por homens estranhos na rua ou num consultório médico); sempre gostei de crianças e desejei muito ser mãe, mas sofri um aborto espontâneo aos 27 anos; só pude fazer faculdade depois dos 30 anos, pois o dinheiro não dava. Várias vezes quase desisti dos meus sonhos acreditando ser incapaz, ou não merecer conquistá-los. Ainda bem que o "quase" sempre venceu. E eu venci!

- A VIRADA! -

"Se você pode sonhar, você pode fazer."

Walt Disney, cofundador da The Walt Disney Company, criador do Mickey Mouse, cineasta, dublador e animador norte-americano

Ah! O livre-arbítrio! Um dia... Não! Contar que tudo aconteceu num instante é mentira, ou licença poética. A sementinha do "saber que pode" está lá, às vezes no fundo da alma submersa em um vale de lágrimas, até que abrimos as comportas do "POR QUE NÃO?" e liberamos essa semente para germinar.

Para cada sonho, uma semente... E as minhas sementes demoraram a germinar, porque eu não acreditava que pudesse desenvolvê-las. Elas ficaram no mundo onírico por muito mais tempo do que deveriam.

Minha primeira semente foi a universidade. Eu desejava muito fazer uma faculdade. Ouvi do meu marido que eu era velha demais para estudar e que, se alguém na nossa casa precisava fazer faculdade, esse alguém era ele. Nós nos separamos. Eu alimentava o desejo de cursar Direito, mas o dinheiro só dava para Administração. Fiquei indecisa (fazer ou não fazer a faculdade?), então me veio a luz que "para fazer Direito tem que ter cifrão, se não faça Administração".

Minha segunda semente era ter um filho, eu tinha 36 anos e morava sozinha, nunca gostei da ideia de sair "à caça" de namorado. No feriado de 25 de janeiro de 2007, eu não tinha o que fazer em casa, então decidi ligar para um ex-namorado, eis que outra sementinha germinou.

Minha terceira semente era o curso de Direito. Estava com um filho pequeno e não tinha cifrão. Muitos disseram que eu era louca, e alguém me perguntou "por que não?". Até hoje não sei como fiz para manter minha casa, me formar em cinco anos e ser aprovada no exame da OAB (sem fazer cursinho e sem trabalhar na área jurídica). Estudei muito, trabalhei mais ainda e tive ajuda de vários anjos, na Terra e no Céu.

Minha quarta semente: este livro. Sempre pensei em escrever, mas faltava coragem. Livro é como filho, é doloroso mostrá-lo ao mundo. Será que ele vai crescer bem? Será que fará a diferença para as pessoas? Eu o amo tanto!

Suas sementes são diferentes das minhas, mas com coragem e dedicação você também pode germiná-las. No caminho, encontramos muitas pessoas que dizem que não é possível, outras dizem que é arriscado começar um projeto, que esse não é o momento, que você deve esperar. Em quem você acredita? Busque coragem dentro de você e pergunte: "por que não?". Quando você decidir, seu momento será o "agora". Cada pessoa tem o seu tempo, a semente só germina quando está pronta e só cresce quando o solo ajuda.

Escutei diversas vezes uma pessoa dizer que ela conseguia resolver tudo sozinha. Você pensa assim também? Esse é um dos piores enganos que cometemos contra nós mesmos e a humanidade. Se você consegue resolver seus problemas apenas dentro da sua cabeça, concordo que resolveu sozinho, mas se você exteriorizou de alguma maneira esse pensamento e alguém lhe auxiliou na execução, a solução deixou de ser solitária.

Sozinhos não somos nada, e nada vale a pena. Mas o sozinho que falo aqui não é a escolha de estar desacompanhado, e sim a escolha de sentir-se vítima dos superiores, algoz do inferior e superior aos seus pares.

Não reconhecer que as pessoas à nossa volta nos auxiliam a ser melhores, ou piores, é uma falácia. A ingratidão só traz tristeza. Nós decidimos que exemplo seguiremos, mas temos aquilo que damos. Se você decide ser um mau exemplo, prepare-se para as atitudes de seus seguidores, eles poderão ser mais inventivos que você. Se você decide ser um bom exemplo, prepare-se para ser observado, porque, atualmente, as pessoas se acostumaram ao mau exemplo.

Não estamos sozinhos. Quando nos sentimos solitários é porque nos afastamos das pessoas. Você já procurou aqueles seus velhos amigos hoje? Ou já abriu seu coração para fazer novas amizades?

Em todos os períodos de nossa vida, temos pessoas que nos auxiliam, costumo chamá-las de anjos na Terra. E são santos? Não, são cheios de defeitos, como eu e você. A diferença é o olhar que lanço sobre eles, minimizo seus defeitos e agradeço-lhes por suas virtudes. Eu sou chata, segundo a opinião sincera do meu filho, mas, na minha humilde opinião, sou tão perfeita quanto você se considera. Afinal, já dizia o filósofo francês Jean-Paul Sartre, "o inferno são os outros", ou não?

Quando passamos a observar os anjos ao nosso redor, ficamos mais agradecidos e queremos compartilhar essa graça com outras pessoas. Um sorriso sincero, um bom-dia com alegria, uma gentileza oportuna, um abraço de agradecimento, um desculpe de coração, um presente sem ocasião, estes e muitos outros gestos bondosos tornam a nossa vida mais feliz.

Esses anjos podem ser seus conhecidos ou desconhecidos, podem estar na sua vida ou podem por um instante estar ao seu lado. Mesmo quando você nem sequer nota, com certeza eles estão lá.

Aprenda a observar e apreciar as pessoas à sua volta. Afinal, quem são as pessoas que você quer ao seu lado? Aproxime-se e seja o anjo da vida de alguém. Apoie a virada na vida de alguém e ao mesmo tempo decida a virada da sua vida.

– SER OU ESTAR? –

*"Não existe um caminho para a felicidade.
A felicidade é o caminho."*

Mahatma Gandhi, ativista da não violência,
advogado e líder político indiano

Na língua inglesa, o ser e o estar são representados pelo mesmo verbo – *to be*. Em português, ser é, e estar tem um quê de poder mudar a qualquer momento. "Minha mãe é legal, mas às vezes está chata". Dependendo dos cinco minutos anteriores, essa frase do meu filho pode mudar para "minha mãe é chata, e nunca está legal". Essa é a maneira como ele me vê, e não a maneira como eu sou.

Observando as pessoas, vejo que cada dia é mais difícil aceitarem as diferenças uns dos outros. Tenho a impressão de que buscar a perfeição alheia, enquanto temos nossas imperfeições, é a hipocrisia do século. Tolerância, paciência e respeito deveriam ser distribuídos gratuitamente pela internet. Contudo, o que vemos é mais do velho preconceito disfarçado de piadas, brincadeiras e desafios.

Escolhemos nos influenciar pelo ruim, pelo mau humor do outro, pela falta de consideração alheia. O que proponho é uma nova postura diante da vida, a escolha de estar feliz em qualquer circunstância. Se você já tem essa atitude, parabéns, agora está na hora de propagá-la para o mundo. Neste momento, o mundo precisa do seu amor.

Quando você escolhe estar feliz, você compartilha amor. Você passa a ter o objetivo de deixar o lugar por onde passou melhor do que estava quando você chegou. Você não se deixa influenciar por quem só reclama de tudo. Estar feliz significa ser grato a tudo o que você é e agradecido pelo que tem.

Assim como uma situação não define quem você é, o que você tem também não te define. Fazendo um exercício de visualização, se você pudesse escolher um lugar e uma pessoa com quem gostaria de estar neste momento, onde e quem seria? Geralmente escolhemos um lugar que nos dá uma grande emoção e uma pessoa que nos proporciona uma emoção maior ainda. Minha proposta é que você mesmo seja essa pessoa para si. Emocione-se. Escolha seguir o caminho da paz, do amor, da alegria. Todos nós temos problemas e todos nós somos imperfeitos. Aceite-se, perdoe-se e aprenda a relevar os defeitos alheios. Respeite-se, faça-se respeitar e respeite o outro.

Não existe fórmula mágica. Você é a centelha da mudança. Quando você decidir fazer algo, não dê ouvidos às inúmeras vozes que destacarão todas as dificuldades para concluir tal tarefa e quais defeitos seus serão empecilhos para que não atinja seu objetivo. Aproveite as dificuldades apontadas e monte um plano para ultrapassá-las. Lembre-se que o objetivo é seu. Não se deixe influenciar pela opinião alheia, porque dessa forma seu objetivo perde força, você desanima e desiste. Aprendi que pessoas que dizem que tudo dará certo são raras e, quando encontradas, são demasiadamente queridas.

Decidir estar feliz é uma escolha diária. Haverá dias em que as nuvenzinhas negras estarão rondando sua cabeça, você se sentirá fraco, mas precisará de força dobrada. Nesses dias, faça um exercício de gratidão, comece a olhar à sua volta e agradecer mentalmente por tudo: agradeça pela água que escorre por seu corpo enquanto você toma banho, agradeça pelo café da manhã que você toma, agradeça pelo cafezinho que anima etc. Procure algo bom dentro daquilo que você vê como ruim, porque nesses dias tudo parece ruim. Lembre-se que você tem o poder da escolha. Por que você deve aceitar a minha proposta de escolher estar feliz? Porque fará bem para sua vida. Porque gente feliz quer a felicidade do outro, gente feliz atrai coisas boas, gente feliz fica em paz consigo mesma, gente feliz escolhe diariamente estar feliz, gente feliz se importa consigo mesma e com os outros, gente feliz não se sente solitária porque sabe que estar só não é solidão, é liberdade de escolha.

– TRAUMA DA INFÂNCIA –

"Não devemos julgar a vida dos outros, porque cada um de nós sabe de sua própria dor e renúncia. Uma coisa é você achar que está no caminho certo, outra é achar que seu caminho é o único."

Paulo Coelho, escritor, jornalista e letrista brasileiro

Ser mãe não é fácil. Brinco dizendo que a maternidade é uma confraria cujos segredos você só terá acesso depois de entrar para a irmandade. Ser mãe é biológico, estar mãe é escolha. Existem mães que cuidam, existem mães que abandonam e existem mães que desistem. A minha mãe desistiu de mim quando eu tinha 11 anos e, graças à chegada do meu filho, retornou à minha vida quando completei 36.

Quando minha mãe começou a namorar o meu pai nos anos 70, ela já era mãe solteira e ficou grávida pela segunda vez. Os dois decidiram morar juntos, mas minha avó materna, Rosa, não quis deixar que minha mãe levasse minha irmã junto com ela.

Meu pai, assim como a maioria dos homens, não queria o "pacote" completo, e foi bem conveniente a minha avó Rosa não deixar que minha irmã os acompanhasse.

Aos 5 anos fui alvo de uma disputa horrenda entre a família do meu pai e a minha mãe.

A história que contam é que minha avó paterna, Irene, estava com saudades de mim, pois meus pais estavam separados (acho que foi a primeira separação deles). Como eles nunca se casaram, acredito que acharam mais fácil cada um voltar para a casa de seus respectivos pais. O problema é que, nessa época, minha mãe já tinha três filhos — minha irmã Kelly, meu irmão Boris (que nasceu com hidrocefalia) e eu —, o "pacote" tornara-se mais pesado.

Meu pai me buscou na casa da minha avó materna, me deixou com a mãe dele e foi trabalhar. O problema ocorreu porque minha mãe foi me buscar e cismou de me levar de volta para casa. Minha avó Irene não quis me entregar porque meu pai não estava lá. Daí o caos se instaurou.

Minha mãe começou a gritar que a filha era dela e que ela ia levar embora. Meu tio, que estava em casa, colocou minha mãe para fora e ela arranhou o rosto e o braço dele. Meu outro tio, querendo ajudar o irmão, pediu que me levassem para dentro de casa. Eu corri para o quarto e, da janela, sem que ninguém percebesse, acompanhei toda a briga.

Minha mãe, enquanto esperneava, gritava e arranhava, foi largada na rua pelos meus tios, que ameaçaram ir à polícia. Para azar de todos, uma das casas vizinhas estava em reforma e deixara os materiais de construção na calçada. Minha mãe, totalmente fora de si, pegou dois tijolos e atirou em direção aos meus tios, e minha avó, que estava por perto, foi atingida na cabeça.

Nesse momento, alguns vizinhos levaram minha mãe dali e meus tios entraram com minha avó ensanguentada para a sala da casa. A cena desse dia ainda é vívida em minha memória: as pessoas que eu mais amava se digladiando e ferindo umas às outras por minha culpa. Senti-me culpada por querer ficar com cada uma delas.

Minha mãe voltou a morar com meu pai uns meses após o ocorrido, mas a família do meu pai nunca mais a aceitou. Quando ela se separou definitivamente do meu pai, alguns anos depois, ela me deixou morando com minha avó paterna.

Hoje eu sei que essa história tem vários pontos de vista, este que eu contei é o meu.

Minha mãe conta que minha avó me roubou dela, que ela teve de me esquecer para seguir com sua vida.

Para mim, a dor emocional foi muito grande, sentia-me abandonada. Quando adulta, pude entender um pouco, afinal, temos de fazer nossas escolhas; minha mãe escolheu deixar os filhos para que outras pessoas cuidassem deles e seguiu sua vida.

Decidi perdoar os envolvidos, inclusive eu mesma, porque buscar culpados só gerava mais mágoa. Dizer que não foi fácil é óbvio, contudo o perdão foi necessário para eu poder estar feliz e seguir mais leve para o futuro.

Com base nessa história, aconselho que preste atenção às crianças! Mesmo que elas pareçam distraídas, elas estão ouvindo, interpretando e sentindo o que acontece ao redor. Crianças precisam ser protegidas, cuidadas e amadas. Não exponha as crianças a desavenças de adultos, discussões de casal e problemas conjugais. Garanta que a criança não esteja ouvindo atrás das portas, interpretando que ela é a culpada por tudo que acontece. Cuide das crianças!

– MUNDO CORPORATIVO –

"Todo mundo é gênio, mas se você julgar um peixe por sua capacidade de subir em árvores, ele passará a vida inteira acreditando ser estúpido."

Albert Einstein, físico teórico alemão

Eu sou uma pessoa comum e medíocre. Comum, mas autêntica. Medíocre porque faço parte da média, não possuo um cérebro com QI avançado, sou como a maioria das pessoas. Afirmar que sou como você pode ofendê-lo, afinal você pode fazer parte do 0,1% de gênios que habitam este planeta.
O que torna uma pessoal genial? Ser extraordinariamente inteligente? Fazer o que poucos conseguem? Ou simplesmente fazer o que gosta com muito amor?
O talento se desenvolve quando você está atuando naquilo que faz seu coração disparar. E nosso maior erro é tentarmos ser geniais num campo de atuação com o qual não nos identificamos ou em tudo que fazemos.
Vamos falar de metas no trabalho. A meta funcional não é discutida caso a caso, levando em conta a capacidade e a habilidade dos funcionários, a métrica para estabelecer uma meta é a elaboração de um cenário com base em uma projeção de mercado, ou um levantamento de quanto produz o melhor funcionário no seu melhor dia (estou sendo exagerada para destacar a maneira como os outros definem o que você tem de fazer no trabalho).

Geralmente estabelece-se uma média sem levar em conta o desvio-padrão, utiliza-se esse número porque é "conveniente". Para aqueles que não sabem o que é desvio-padrão, cito o exemplo tolo de uma sala de aula com dois alunos, um aluno tira a nota máxima 10 e um aluno tira a nota mínima 0. A média da sala seria 5. Como 5 é a nota mínima de aprovação, posso deduzir que a sala inteira foi aprovada. O desvio-padrão neste caso é de 4,52 (um desvio-padrão alto). Quanto maior for o desvio-padrão, maior será a distância entre a nota de cada aluno e a média apresentada, o que torna a informação da média sem outra medida de dispersão um número que pode gerar interpretações distorcidas.

No mundo corporativo tudo é digital (formado por 1 e 0), e o que está ao redor se transforma em número, então você se torna um número a ser explorado ou descartado.

Descobri que no ambiente empresarial a realidade é relativizada. Agindo por pura conveniência, as boas notícias são divulgadas aos quatro ventos, enquanto as más são jogadas para debaixo do tapete ou deixadas em segundo plano.

Um colega da informática certa vez conversava com um gerente que tinha de apresentar seus resultados, mas estes não eram extraordinários, então ele queria conselhos de como montar uma apresentação na qual se destacasse dos seus pares.

Eu escutei a resposta de queixo caído:

– Destaque os pontos em que se saiu bem. Olhe pelo ângulo em que esteve melhor. Utilizando dados verdadeiros, foque no que lhe traz destaque. A apresentação deve ter vários gráficos, tabelas e números. Caso seja necessário introduzir dados ruins, faça com que o gráfico positivo esteja ao lado do negativo, formatando o positivo em imagem bem maior que o negativo. Se os números negativos forem questionados, explique que os dados serão revistos, que já foram tomadas as providências cabíveis e que foram implementadas ações para corrigir o desvio detectado. Termine a apresentação com sua maior realização.

O gerente ligou alguns dias depois para agradecer pelas dicas.

Se você for o funcionário-modelo, a referência para os demais, almejará um cargo mais alto para se livrar da carga, ou do nível de expectativas, que criou para si mesmo, pois, a não ser que você seja um robô, sua eficiência oscilará no decorrer do tempo.

Para a empresa, enquanto você estiver entre os melhores, você é útil, mas quando sua produtividade cair, você se tornará inútil e ela tentará se livrar de você.

O problema maior ocorre quando se começa a reproduzir na vida privada o desempenho da vida profissional. Se estou entre os piores, sou um lixo, se estou entre os melhores, sou o bom, sou o cara, sou a mulher-maravilha.

Podemos nos tornar piores por circunstâncias alheias à nossa vontade, ou por real falta de interesse no que fazemos. Se você for um péssimo funcionário propositalmente, mude de emprego, mude de área, procure algo que você goste de fazer e tenha a satisfação diária de dever cumprido.

Se for por circunstâncias externas, você tem de resolvê-las ou elas acabarão com você. Sua saúde física, mental, ou ambas, ficará debilitada, e saúde não tem preço.

Meu conselho: não se compare com os outros!

Você será monitorado o suficiente por sua chefia, por seus colegas, por seus concorrentes. Faça sempre o seu melhor, respeite o outro, respeite-se, desafie-se, sinta-se bem com o que faz e como faz, busque maneiras diferentes de realizar o seu trabalho. Aprenda a gostar de sua profissão, ou encontre um trabalho que te gere pelo menos emoções positivas. Se sua vida é esperar pelo final de semana ou pelo próximo feriado, você está desperdiçando quarenta horas semanais de sua vida. E essas horas não serão devolvidas.

Se você troca o seu tempo de vida por dinheiro, que esse negócio seja vantajoso. Se a troca não lhe traz o saldo positivo que deseja, busque complementar sua remuneração com coisas que não têm preço, como satisfação, trocas de experiências, novos conhecimentos, ou até mesmo uma nova atividade. Faça valer o seu tempo, faça valer o seu talento. Estar feliz com o trabalho que se faz é essencial para ser um número colaborativo.

- FAMÍLIA -

"Lar é onde você se sente em casa e é bem tratado."
Dalai Lama, líder espiritual e chefe de Estado do Tibete

Não tive uma família tradicional ou estruturada, meu exemplo de família era a tia Lia, o tio Quia e minha prima Patrícia. Quando meu tio saía de casa para trabalhar, a família toda ia até o portão se despedir. Ele beijava a esposa, a filha e, nas ocasiões em que eu ia visitá-los, também ganhava um carinhoso beijo na bochecha.

Duas histórias se destacam em minha vida com relação a eles: o dia em que descobri que tinha um irmão por parte de pai no interior e o dia em que meu tio se negou a ser meu padrinho de casamento.

Depois de separado, meu pai morava numa casa nos fundos do terreno de minha avó com meu irmão, Boris. Eu morava na casa da frente e de vez em quando ia visitar meu irmão. Mexendo numa mala que estava em cima da cama, encontrei uma certidão de nascimento em que constava o nome do meu pai, e essa certidão era de uma pessoa estranha para mim. Admito que fiquei chocada, surpresa e magoada pela "ocultação" de um bebê.

Saí de casa correndo e, procurando um porto seguro, o lugar que me ocorreu foi a casa da tia Lia. Cheguei lá desnorteada e chorando muito. Eles estavam se preparando para o jantar. Preocupados, perguntaram o que tinha acontecido e eu contei entre soluços o que eu descobrira. Meu tio olhou para mim e disse:

– Ora, a Patrícia chora porque quer ter um irmãozinho e você está chorando porque ganhou um?

Eu parei de chorar para pensar na ironia do destino. Conversamos a respeito enquanto jantávamos e concluí que a minha tristeza era pela omissão do meu pai, naquela época ele mal falava comigo.

Durante minha infância e adolescência, todos os Natais e viradas de ano eu passava na casa da tia Lia. O tio Quia dizia brincando que eu era a "filha preta" dele, porque minha prima era bem branquinha e eu, morena. O carinho de todos eles era um bálsamo na minha vida.

Com 24 anos, eu ia me casar e convidei meu tio e minha tia para serem meus padrinhos, mas ele recusou. Disse que não entrava em igreja "de crente", ele era católico. Fiquei magoadíssima e, apesar de ir na casa dele no Natal seguinte, quase não nos falamos, eu sentia uma mágoa muito grande e não queria conversar com ele, evitei-o a noite inteira e só nos cumprimentamos a distância na entrada e na saída da festa. Fiquei magoada com ele por tempo demais, foi meu primeiro erro.

Fiquei alguns anos sem aparecer, conversava eventualmente com minha tia e a distância acabou me separando da minha prima também.

A avó que me criara, num acidente estúpido, caiu da cadeira e quebrou o fêmur. Enquanto ela convalescia em casa, meu tio Quia começou a ter dores abdominais e foi parar no hospital. Achei que ele queria atenção, porque minha tia Lia passava muito tempo na casa da minha avó, que era mãe dela. Esse pensamento foi meu segundo erro.

Perto da Páscoa, uns dias depois de ele ser hospitalizado, ele foi operado de emergência e fiquei muito preocupada. Como eu morava longe da casa deles, ligava para ter notícias da minha avó e dele. Numa das ligações, minha tia Lia disse que ele teria alta e que no dia seguinte estaria em casa. Aliviada por ele estar bem, não via a hora de poder vê-lo para retomar a relação que tínhamos antes de eu me casar.

Combinei por telefone que iria dali a dois dias na casa deles para visitá-lo, pois tinha de esperar uma folga no trabalho. Fiquei ansiosa para que chegasse o dia da visita. No dia seguinte, recebi uma ligação do meu tio Eloi avisando que meu tio Quia tinha passado mal e havia falecido. Fiquei arrasada.

Com esse episódio, aprendi a lição mais dura que se pode ter na vida: o tempo não espera. Se amamos uma pessoa, devemos falar, demonstrar e perdoar, pois ela pode não estar viva no dia em que você decidir procurá-la.

Meu tio nunca soube que eu estava magoada com ele, eu nunca pude pedir perdão por ficar brava com algo que era direito dele recusar, eu só escutei a negativa e mais nada. Depois minha tia me contou que, na realidade, ele não quis ser padrinho do casamento porque não gostava do meu noivo, atualmente ex-marido.

Ele foi um modelo muito importante na minha vida e terei de lembrar que nossa história não teve um final feliz por conta das minhas escolhas.

– BULLYING –

*"O que me preocupa não é o grito dos maus,
mas o silêncio dos bons."*

Martin Luther King Jr., ativista político, líder do movimento de
direitos civis dos negros e pastor norte-americano

Eu associei gritos a ferimentos e dor. Por não querer sofrer e por medo de machucar os outros, passei a não me defender, o que me tornou alvo de *bullying*, que, no meu tempo de escola, era denominado de "chateação sem limite".

Na época, eu tinha 13 anos, e ia e voltava da escola com uma amiga negra que também era vítima das "valentonas". Todos os dias, a volta para casa era um verdadeiro martírio. Levávamos tapas, empurrões, jogavam nosso material no chão para que pegássemos, xingavam-nos, jogavam coisas em nós e puxavam nossos cabelos, contudo permanecíamos caladas, amedrontadas e acuadas. Nunca respondíamos ou revidávamos, nossa sorte é que corríamos bem rápido.

Na escola, havia dois portões para saída. Quando o acaso nos sorria, saíamos pelo portão em que as agressoras não estavam. Era sempre o mesmo grupinho de cinco ou seis meninas que adorava nos espezinhar.

Minha amiga teve sorte e mudou de escola, então eu tive de começar a ir embora sozinha. Foi nessa época que, não sei como, fiz amizade com a menina mais popular da escola. Por coincidência, ela conhecia a líder das agressoras e, quando estávamos juntas, as outras me deixavam em paz. O problema é que minha nova amiga morava no caminho contrário ao meu, então na saída eu continuava tendo de suportar minha sina.

Essa amiga foi responsável pela minha primeira transformação de patinho feio para cisne e pela primeira medalha que ganhei.

A transformação se deu num festival de primavera. Para brincar comigo na sala e por estar cansada de ser indicada para Miss Primavera, ela me indicou. Para meu completo espanto, muitos seguiram o voto dela e eu fui eleita a representante do 6º B, mas para ganhar o concurso, tinha de vender os votos. A sala que conseguisse vender mais números elegeria a Miss Primavera.

No dia do resultado da votação, todas as representantes teriam de desfilar no pátio da escola na Festa da Primavera. Minha amiga me emprestou um vestido dela, me penteou, me maquiou e fez com que eu desfilasse sem meus óculos fundo de garrafa. Eu realmente tive medo de cair da passarela montada com mesas da escola e enfeitada com papel. Muitos não acreditaram que era eu, tamanha foi a transformação. Naquele dia, eu estava linda e ela foi minha fada-madrinha (ou meu agente de transformação).

Contudo, o *bullying* continuava sempre que ela não estava por perto. Passei, então, a acompanhá-la por mais tempo, ia mais cedo e passava na casa dela para irmos à escola. Dava a volta pelo lado da casa dela para não encontrar com as meninas que me chateavam.

Minha amiga fazia coreografias para apresentar na escola e participava de todas as atividades extracurriculares que podia. Eu nunca dancei nada, mas participei de vários ensaios dela com as outras colegas, até que um dia surgiu a oportunidade de participar de um show de talentos. Ela preparou uma coreografia muito boa para uma música dançante da época e, simultaneamente, me convenceu a inscrever-me com ela e outro colega para cantar uma versão, feita por ela, para uma música popular na época. Essa música seria cantada por nós três.

Durante o show de talentos, ela percebeu que não teria tempo de se apresentar conosco e depois se apresentar na dança, então optou pela dança. Eu e o outro colega quase enfartamos, ela era a alma do trio, mas não tivemos muito tempo para pensar, pois nossos nomes foram chamados. Minha amiga nos empurrou para o palco e nós cantamos, se é que posso chamar dessa forma. O grupo de dança ganhou o troféu de primeiro lugar e nosso trio, que virou dupla, uma medalha de segundo lugar. Combinamos de dividir a medalha, ficaria uma semana na casa de cada um. Nem preciso falar que minha família nunca viu essa medalha. O colega que a levou primeiro nunca deixou que eu e ela "visitássemos" nossa medalha. Depois de um tempo, ele disse que ela havia se perdido.

As agressoras passaram, então, a ser minhas coleguinhas, mas a líder delas nunca me aceitou e me perseguia mesmo quando as outras falavam "deixa disso!". Escapei várias vezes devido à interferência de terceiros.

Certa vez, um garoto com fama de mau, que era órfão e morava com a avó, a segurou para que ela não me batesse e eu pudesse sair correndo. Uma outra vez, esse mesmo garoto disse que, se ela batesse em mim, ele iria bater nela, e ela ficou uns dias sem me infernizar.

O curioso é que eu não falava com ele, nem ele falava comigo, nem com ninguém. Vivia entrando em brigas com outros garotos e sempre levava a melhor. Nunca entendi o porquê de ele ter me defendido algumas vezes.

Numa outra ocasião, uma senhora que eu não conhecia ficou conversando com ela enquanto eu me esquivava e saía correndo.

No último ano do chamado Ensino Fundamental, na época Primeiro Grau, às vésperas de me formar, fomos liberados da aula porque os professores que dariam aula naquele dia haviam faltado. Como não tínhamos o que fazer em casa, eu e minhas antigas agressoras decidimos ficar ao lado da escola conversando banalidades.

Havia uma casa com um muro baixo perfeito para colocarmos nossos materiais e sentarmos para bater papo. Materiais no muro, algumas garotas sentadas, eu em pé ao lado da sarjeta. Como acontecia há anos, a líder das meninas decidiu me humilhar mais uma vez. Ela pegou meu material sobre o muro e jogou-o no chão, espalhando-o na calçada, eu me abaixei para pegar, e ela continuou a me ofender verbalmente, até que, para infelicidade dela, ela tocou num ponto nevrálgico meu, xingou minha avó de "velha horrorosa", e para mim foi a gota d'água.

Diante de todas as meninas perplexas, eu peguei o material da garota, joguei de propósito na sarjeta, gritei para ela que não falasse da minha avó e exigi que ela que pegasse o material. Ela era mais baixa que eu, mas naquele dia ela ficou pequena como uma tartaruga. Ela até tentou falar mais alguma coisa, mas eu, furiosa, não deixei. Ela recolheu o material molhado e foi para a casa dela. Um silêncio constrangedor permaneceu até que ela desaparecesse na esquina.

O restante dos dias de aulas correu sem que ela dirigisse a mim uma palavra sequer. Eu pensei: se soubesse que era tão fácil me livrar dela, não teria sofrido durante tanto tempo. Quanto mais nos deixamos ser humilhados, mais poderoso o agressor fica.

– DEPRESSÃO –

"A dor como o frio ao corpo encolhe a alma."

Menotti Del Picchia, poeta, romancista,
cronista e jornalista brasileiro

Primeiro você recusa todos os convites que lhe são feitos, pois a conversa te incomoda e o barulho te irrita. Depois quer ficar sozinho para resolver seus problemas e começa, então, a não ver solução para nada. Tudo parece sem cor e sem graça. Aquilo que te deixava feliz passa a não fazer diferença. A tristeza passa a ser uma companheira constante. Os dias passam a ser todos exatamente iguais, sem emoção, sem novidades, um marasmo sem fim, porém isso incomoda tanto que ocorrem acessos súbitos de raiva, seguidos de choro, e tudo isso passa a ser frequente. Os sintomas variam de pessoa para pessoa.

Fui diagnosticada com depressão seis meses após o nascimento do meu filho. Fiz terapia, tomei antidepressivo, melhorei e parei.

Desconfiei de que algo estava errado comigo quando comecei a ficar anestesiada em relação ao mundo à minha volta. Ficava tensa no trabalho e esquecia muito as informações que precisava. Estava desatenta, desleixada e cansada. Sentia um cansaço que não era normal. Queria dormir o dia inteiro. No começo, achei que era por causa do bebê, porém, mesmo dormindo a noite inteira, o desânimo não me abandonava.

Depressão, para ser superada, só tem um caminho: tratamento psicológico. Não conheci ninguém até hoje que tenha superado a depressão sozinho. Ajuda é fundamental. A depressão requer das pessoas ao redor uma dedicação maior, muita paciência, demonstrações de afeto e empatia. Apesar de podermos escolher estarmos felizes, a depressão não é uma escolha, é uma deficiência química. Se a depressão persiste por muito tempo sem ser combatida, ela pode levar a pessoa a tirar a própria vida. A tristeza é tão grande e nos tornamos tão pequeninos e insignificantes que queremos simplesmente desaparecer. É muito difícil para quem nunca passou por isso entender. Costumo dizer que a depressão é um cansaço na alma. Com terapia ou medicação, ou ambos, se necessário, podemos retomar a busca pela felicidade, ou simplesmente a normalidade da escolha diária de estar feliz.

Se há tristeza em você há muito tempo, procure ajuda profissional.

Observar a beleza da natureza. Respirar ar puro. Tomar consciência de si mesmo. Aceitar-se e encontrar atividades que te emocionem positivamente. Agradecer quem somos e o que temos. Voltar a olhar ao redor com olhos de "criança" – admito que não é fácil quando se está deprimido, mas temos de treinar essa visão todos os dias.

A tecnologia nos mantém distantes do calor humano. Quando estamos deprimidos, por mais que sintamos a necessidade de estarmos sozinhos, precisamos ficar entre pessoas que nos façam bem. Apenas falar que estamos tristes afasta as pessoas do nosso convívio, pois elas não sabem ou não querem lidar com a tristeza. Por isso precisamos de profissionais que escutem o lado sombrio que nos acompanha, que saibam como lidar com ele e combatê-lo.

Para sair da depressão, é preciso aprender a viver novamente. Gostar da própria companhia. Perdoar a si mesmo. Acreditar que é importante. Que cada vida é única. Compreender que nossa presença é querida e necessária. Realizar alguma atividade física. Visitar amigos que trazem boas recordações. Escolher estar feliz. Responsabilizar-se pela própria felicidade. Ter um propósito (ou vários) a ser realizado. Combater a apatia. Desenvolver algum talento. Alimentar-se de maneira correta. Fazer quinze minutos de exercícios. Meditar, ou rezar, ou orar todos os dias.

Depressão pode ser o fim do mundo, ou o início de um mundo novo.

- FINANÇAS -

*"Quando eu era jovem, pensava
que o dinheiro era a coisa mais importante
do mundo. Hoje, tenho certeza."*
Oscar Wilde, escritor, dramaturgo e poeta irlandês

Não ganhei rios de dinheiro, contudo, quando ganhar, saberei o que fazer com eles. Diz o ditado: "antes pingar que minguar". Na minha horta sempre pingou, mas já vivi uma leve garoa. Quando garoou, guardei a água e, quando precisei, bebi.

Pergunto: qual é a sua relação com o dinheiro? Uma relação saudável seria vê-lo como uma ferramenta para viabilizar algum projeto. Caso você veja o dinheiro como um objetivo, tenho uma notícia para te dar: qualquer valor nunca será o suficiente. O dinheiro sem objetivo torna-se motivo de ganância e avareza.

Comer mortadela e arrotar caviar é tão ruim quanto chorar de barriga cheia. Nada é suficiente se damos margem a uma insatisfação crônica. Nossa felicidade não pode estar vinculada ao nosso extrato bancário.

Como economizar, então? Antes de gastar, guarde. Se você recebe no quinto dia do mês, programe-se para nesse dia já realizar seu investimento.

Siga duas regras: nunca gaste mais do que você possui na conta e guarde antes de gastar. Se você ganha um milhão por mês, guarde pelo menos trezentos mil. Se essa não é sua realidade, guarde trinta por cento ou um terço do seu salário. Faça as contas de seus gastos em uma planilha ou em uma folha de papel. Durante um mês, anote todos os gastos eventuais e diários. Verifique se o valor que você ganha é gasto totalmente em despesas. Se as despesas estão altas, reduza-as.

Como reduzir despesas: se come fora, leve lanche; policie-se nos pequenos gastos: água mineral, suco, revistas, sapatos, roupas etc.; se a escola está cara demais, procure uma outra que atenda ao seu orçamento; se o condomínio está caro, procure outro apartamento; verifique, dentro das suas despesas fixas (água, luz, telefone, transporte, assinaturas mil, alimentação, seguro), o que pode ser reduzido. Em questão financeira, não existe milagre, existe sacrifício.

Dinheiro guardado não é para ser abusado. Esqueça que o dinheiro guardado existe. Tenha objetivos a longo prazo para ele.

Se você quer fazer uma viagem no final do ano, que tal juntar mês a mês? O poder de barganhar e conseguir um desconto à vista, quando for adquirir sua passagem, é maior se tiver o valor total.

Eu pagava dois seguros de vida cujas apólices em caso de sinistro somavam vinte mil reais. Achei que minha vida estava valendo pouquíssimo. Pagava cinquenta reais por mês e cheguei à conclusão de que preferia economizar esse valor para outra coisa. Juntei o dinheiro por um ano e fui viajar. Quando eu morrer, terei vivido bastante.

Não adianta você dizer "eu não consigo!", porque consegue SIM. Quando você decide, você faz.

Viver contando centavos estressa qualquer um. Lembre-se do personagem de Carl Barks, o tio Patinhas, que vivia cheio de dinheiro e contando suas moedas todos os dias para ver se nenhuma havia desaparecido.

A liberdade financeira está em gastar menos do que se ganha, não importando se você ganha mil ou um milhão de reais por mês.

– INVESTIMENTO –

"Os investimentos em conhecimento geram os melhores dividendos."

Benjamin Franklin, jornalista, político
e abolicionista norte-americano

Ganhou uma graninha, mas não sabe o que fazer? Que tal depositar na minha conta? Se você não sabe o que fazer com o dinheiro, com certeza alguém te ajudará a gastá-lo! Fato: nenhum investimento te pagará o valor que você paga quando pega dinheiro emprestado no banco.

Ao falar de dinheiro, lembre-se da premissa popularizada por Milton Friedman, prêmio Nobel de Economia: "NÃO EXISTE ALMOÇO GRÁTIS". Se você busca taxa zero para um financiamento, o zero vem acompanhado de vários noves depois da vírgula. O serviço prestado está sendo cobrado de alguma maneira, nem que seja de forma intangível.

Quando o assunto é dinheiro, sempre há alguma contrapartida.Para seu conhecimento, o gerente de banco não é consultor financeiro, ele é vendedor de produtos bancários. Se você tem uma graninha e deseja investir, saiba o que quer fazer antes de ir ao banco.

As opções de investimento são muitas, porém tudo depende do seu perfil de investidor. Você pode ser muito jovem e não querer ver a oscilação de uma carteira de ações. Ou pode achar emocionante essa variação.

Na economia, diz-se que o ganho em ações ocorre

no longo prazo. Para saber em quais ações aplicar, você tem duas opções: pagar um especialista ou se tornar um. Alguns especialistas oferecem dicas "gratuitamente", são aquelas ações que "todo mundo" está aplicando.

Para renda fixa, hoje se tem a opção do Tesouro Direto, que permite que se guardem pequenos valores todo mês, bastando ter uma conta em que se possa movimentar esses valores (aplicação e resgate) e debitar as taxas. Lembrando que nesse investimento você está emprestando dinheiro diretamente ao Governo e que os fundos de renda fixa oferecidos pelos bancos também são "empréstimos" ao Governo Federal.

Poupança não é investimento, mas pode ser uma maneira de guardar um pouquinho de cada vez. E, quando o pouquinho se multiplicar, você pode trocar por um investimento que lhe renda algo.

Na renda fixa, há várias opções, mas cuidado! A taxa Selic é uma referência no mercado financeiro. Fundos de renda fixa não têm rendimento acima dessa taxa, a menos que um percentual do fundo seja realizado em outros papéis que não os do Governo.

Se você opta por menos risco (renda fixa), você está confiando no Governo. Se opta por mais risco (ações), você está confiando em empresas privadas.

Entre um e outro, há uma quantidade bem grande de mescla de fundos, cada um sujeito a riscos próprios. Se a rentabilidade for maior, o risco de perder ou ganhar também será maior.

Dificilmente as pessoas que aplicam em renda fixa olham a composição da carteira do fundo. Leia as "letras miúdas", mesmo que pelo Código do Consumidor essas letras não existam nos contratos. Hoje não lemos e acabamos por aceitar diversos termos de adesão.

Você pode consultar no site do seu banco a composição do fundo antes de aplicar nele. Caso não tenha essa informação, peça em sua agência.

Quando se tratar do seu dinheiro, seja muito chato. Os chatos mudam o mundo. Chato no sentido de perguntar tudo o que não entendeu. Se você vai investir seu dinheiro naquela Instituição, o representante dela tem a obrigação de lhe esclarecer o que você não entendeu.

Nem todo chato tem perfil conservador, ou seja, aquele que tem aversão ao risco e que não está disposto a ver oscilar negativamente o rendimento do seu investimento.

Se você está trabalhando para ganhar dinheiro, não terá tempo de pesquisar como melhor investi-lo a menos que trabalhe com investimentos.

Quando alguém lhe der conselho de como investir, preste bastante atenção se a pessoa investe da mesma forma que aconselha.

Eu invisto apenas em renda fixa, porque a única vez que investi em ações coloquei vinte por cento do capital num fundo da Petrobras. Depois que apliquei, as ações da empresa tiveram uma queda extraordinária, e eu precisei do recurso, não podia esperar para ganhar algum rendimento. Tive de contabilizar o prejuízo. Esse é o maior risco que se corre com ações: uma queda repentina quando você precisa do recurso.

Existem investimentos que não geram ganho de dinheiro, mas geram ganho de experiência. Um exemplo é investir em um curso. Você deve mensurar quanto esse curso lhe trará de satisfação pessoal. Se você sentir um calor no peito só de pensar em fazer o curso, faça-o. Outro exemplo é investir em viagens, conhecer pessoas, visitar novas culturas, aprender novas línguas.

Esta é a sua vida, o seu tempo, o seu dinheiro e as suas escolhas.

– VIGARISTAS E GOLPISTAS –

"Nada existe de mais miserável que o espírito do homem que está consciente do mal que faz."

Plauto, dramaturgo romano

A diferença entre vigarista e golpista é a proximidade com a vítima. O vigarista torna-se íntimo, amigo da vítima. Certo dia, minha mãe foi receber seu pagamento no banco. Ao sair para a rua, viu uma senhora deixar cair uma corrente dourada e imediatamente avisou-a do objeto que estava no chão. Muito agradecida, a senhora disse que queria recompensar minha mãe, porque aquela corrente era muito cara e de valor sentimental maior ainda. A mulher elogiou muito a honestidade da minha mãe e, como num passe de mágica, surgiu um homem que dizia ser filho dessa senhora e começou a agradecer também. Como minha mãe estava com pressa, desvencilhou-se dos dois e foi para casa. Ela havia esquecido essa história até que uma amiga dela comentou que tinha sofrido um golpe. Com a mesma abordagem, os dois indivíduos convenceram a amiga da minha mãe a entrar no banco para sacar o dinheiro da recompensa, porém na porta do banco a senhora disse ao rapaz que entraria apenas com o cartão e o documento e que deixaria a bolsa com ele até sair. Como a porta do banco trava com metais, a senhora sugeriu que a amiga de minha mãe deixasse a bolsa também, porque voltariam logo. Ao entrar no banco lotado, a senhora golpista disse que iria ao banheiro e pediu que a amiga da minha mãe guardasse o lugar para ela. Ela demorou duas horas para entender que a senhora e o filho haviam ido embora levando sua bolsa com tudo que havia dentro.

Às vezes, o desejo de reconhecimento é tão grande que nos esquecemos da prudência.

O golpista sempre age na necessidade que o outro tem de levar vantagem, ser recompensado, reconhecido por algo de bom que fez, ou ter satisfeita uma carência. Se você acredita que levou vantagem em algo, abra os olhos e veja se o outro não passou à sua frente.

Já o vigarista te envolve "em ovo e farinha de rosca antes de te fritar". Você vira um excelente "bife à milanesa" para ser devorado.

A máxima de que as pessoas nos julgam por seus próprios valores é verdadeira. O vigarista pensará que você está tentando passá-lo para trás. O crédulo acredita em tudo que se diz ou fala. O ferido tentará ferir. O inteligente observará a experiência alheia e não se deixará enganar.

Quando conheci o sr. Right, eu não havia conhecido pessoalmente nenhum golpista. Ele me foi apresentado por um amigo em comum, que eu acreditava que conhecia o sr. Right há algum tempo. Ele era charmoso, inteligente e falava muito bem.

No primeiro encontro, não levei minha bolsa, fomos a um barzinho onde pedi apenas uma água. O sr. Right pediu uma tábua de frios, uma bebida cara e mais algumas coisas para comer. Na hora de pagar a conta, quase tive de lavar pratos, pois ele alegou que seu cartão do banco não passara. Falei para ele que eu não tinha levado dinheiro comigo e ele foi até o caixa e resolveu não sei como.

Saímos algumas vezes. Ele me tratava muito bem, feito uma princesa. Andava num carro antigo e dizia que adorava carros assim, mas alegava que tinha recebido de pagamento de um cliente um carro novo que quase não usava. Certa noite, ele foi me buscar com esse carro. O carro era caríssimo, novo e blindado, admito que fiquei impressionada. Só faltava falar. Ele me contou da situação do carro, que não podia andar muito com ele porque o cliente que o dera em pagamento ainda devia para o banco e o carro estava alienado até o pagamento total da dívida, e estava sem seguro. Como o sr. Right não tinha como pagar o saldo da dívida naquele momento, o carro estava guardado. Continuamos saindo. Num belo dia, recebi a ligação do sr. Right dizendo que um caminhão havia batido no valioso carro estacionado e o destruído totalmente. Ele disse que estava naquele momento fazendo o boletim de ocorrência na delegacia, mas que havia um pequeno problema: o carro ainda estava alienado ao banco e, se a empresa do motorista de caminhão pagasse o prejuízo, o dinheiro iria todo para o banco. Eu pensei: "coitado dele, vai perder tudo", então cometi meu maior erro, querer ajudar num problema que não era meu. Perguntei o valor da dívida, fiz as contas e vi que era um percentual pequeno com relação ao valor do carro, então me ofereci para pagar a dívida com a condição de receber o dinheiro de volta quando ele obtivesse o valor do seguro da empresa. Você recebeu o dinheiro? Nem eu. Nosso relacionamento acabou, cobrei o dinheiro dele e ele disse que gastou. Depois de um tempo cobrei o valor de novo e ele disse que eu estava louca, que ele não me devia nada. Entreguei um cheque administrativo na mão dele, sem comprovação ou promissória. Nem sei se o carro deu perda total, nem sei se o carro era realmente dele, só sei que caí num golpe bem armado.

O golpista nos hipnotiza, nos envolve de tal maneira que ele não precisa pedir nada, nós simplesmente entregamos de bom grado. Passada a hipnose, nos perguntamos como pudemos ser tão tolas.

Tanto o vigarista quanto o golpista nunca ficam com a vida estável, sempre estão em busca do "último golpe" ou do "golpe perfeito". Costumam perder o dinheiro rapidamente, da mesma forma que o conseguiram. Justiça Divina, talvez.

Não temos como evitar conhecê-los, mas podemos estar preparados para não cair em seus golpes. Como? Diga "não", evite-o ou simplesmente não se coloque à disposição dele. Não empreste nada que você não possa abrir mão depois. Se você fica feliz em ajudar e não se importa em perder o dinheiro, ou o nome, ou o objeto, faça o que quiser, mas tenha plena consciência de que você sofrerá as consequências de sua escolha.

– ABUSO –

*"Lamentar uma dor passada, no presente,
é criar outra dor e sofrer novamente."*
William Shakespeare, poeta, escritor e dramaturgo inglês

Alguns temas são bem difíceis de serem compartilhados. Abuso é um deles. Sofri abuso três vezes em minha vida, não reagi em nenhuma das vezes e hoje me arrependo disso.

A primeira foi aos 12 anos, ao ser abordada por um senhor idoso na rua que me cumprimentou desejando "feliz ano-novo" e apalpou meus seios libidinosamente. Saí correndo e não contei a ninguém por muitos anos, por vergonha do ocorrido.

A segunda vez foi aos 13 anos, quando fui fazer compras com minha tia Lia no bairro do Brás e um indivíduo meteu a mão em minha calça, apalpando a minha vulva. Eu fiquei sem reação, e minha tia também. O indivíduo foi embora e, minutos depois de um silêncio estarrecedor, minha tia perguntou se ele fizera o que ela tinha a impressão que acontecera. Confirmei e ficamos meio abobalhadas com o ocorrido. Nunca mais falamos sobre isso.

A última vez eu tinha 21 anos e fui abusada por um profissional da saúde. Com a desculpa de escutar meu coração, ele utilizava o estetoscópio para apalpar meus seios. A primeira coisa que você pensaria é que devo estar inventando, que deve ter sido impressão minha, ele não estava me apalpando, estava me examinando. Esse é o maior problema de quem é abusado, as pessoas não acreditam na nossa história, sempre querem mais detalhes para desqualificar o que aconteceu. Dizem que foi impressão. Que interpretamos mal o ocorrido. Buscam algum detalhe que torne nossa a culpa pelo que aconteceu.

Acrescentando alguns detalhes à última narrativa, o médico era oftalmologista e não precisava ouvir meu coração quando fui ao consultório dele. Com a desculpa de ver como estavam meus olhos, ele me levou até a escrivaninha dele, me prendeu com seu corpo, examinou meus olhos com uma lanterninha, e disse que precisava ouvir meu coração. Então pediu que eu levantasse a blusa e, com o estetoscópio, levantou meu sutiã e ficou "procurando meu coração" incessantemente dos dois lados. Foi nojento. Minha mãe me esperava na sala contígua. Quando contei a ela recentemente, ela me questionou o porquê de eu não ter revelado antes.

A vergonha, a sensação de que você fez algo para que aquilo acontecesse, o silêncio profundo quando você conta para alguém, a indagação do outro para saber se é realmente verdade, tudo isso é horrível. A vítima se culpa mais do que culpa o agressor. Consigo falar disso vinte anos depois, mas não confrontei meu agressor.

Se seus agressores, assim como os meus, não pagaram pelo que fizeram, por que nos sentirmos devedores?

Contei essas histórias depois de tantos anos porque aprendi que em todas essas ocasiões eu não tive culpa, esses homens eram de má índole, e quem deveria sentir vergonha eram eles, e não eu. Mesmo correndo o risco de ser estigmatizada, decidi contar o que aconteceu porque em algum lugar pode haver alguém que passou por um abuso pior, permaneceu calado e precisa dessa pequena centelha de coragem para poder compartilhar com alguém.

Contar muda a maneira como as pessoas te encaram, mas pior que os outros te olharem de uma forma diferente é você não conseguir encarar a si mesmo, duvidando de quem você é e sentindo um misto de medo e vergonha. Para se curar desse tipo de trauma, precisamos falar sobre ele. Enquanto vítimas, temos de encarar o ocorrido, admitindo para nós mesmos que não foi nossa culpa. O que aconteceu foi uma pequena parcela de nossa vida. Aquilo não pode ser relembrado retornando toda dor a nossa alma, temos de aprender a superar a dor e seguir acreditando que podemos e merecemos estar felizes.

- SEXO NO CASAMENTO -

"Sexo é escolha. Amor é sorte."

Rita Lee, compositora, atriz e ativista brasileira

Sexo é necessidade fisiológica, biologicamente falando. Causa de união ou desunião entre o casal, fato da vida. Como eu vejo o sexo: uma atividade consensual e divertida.

Quando se é solteiro, ou casado, é mais fácil falar de sexo com os amigos do que com seu parceiro, e esse é o maior erro. Quando você escolhe estar com alguém, você precisa se ajustar a essa pessoa. Se ajustar, e não se anular. Se você gosta de fazer sexo, procure uma pessoa que tenha prazer em fazer sexo com você. Pode parecer óbvio, mas não é. Já vi muitos casais se afastarem por não entenderem a necessidade um do outro. Quando um não quer, o outro vira a cara, e não conversam a respeito.

Para a maioria das mulheres, sexo tem a ver com tudo ao redor, mas há as que pensam diferente. Para algumas, sexo é apenas sexo. O que pensa sua companheira a respeito disso? Pergunte a ela. Não durante o sexo, nem logo após, procure um momento em que vocês estejam em paz, conversando sobre tudo ou nada. Um momento em que vocês estejam olhando um nos olhos do outro, um momento em que estejam se divertindo juntos.

Procure agradar o outro sem se desrespeitar, busque o que te agrada, cada pessoa tem seus anseios e seus limites. Se vocês experimentaram, um gostou e o outro não, falem a respeito. Eu, particularmente, não tive conversas sobre sexo com meu ex-marido, a religião não incentivava, e eu, na época, morria de vergonha. Ficamos seis anos juntos, mas, se falássemos abertamente, talvez tivéssemos nos separado antes, ou não.

Hoje, entendo que temos necessidades diferentes. Existem mulheres que gostam de sexo, assim como existem homens que não pensam em outra coisa. Como é a pessoa ao seu lado? Depois de uma discussão acirrada, o sexo é animado, ou depois de vários dias sem sequer se falar, fazem sexo por obrigação? Ambas as situações não são saudáveis. Aprenda a identificar problemas e solucioná-los entre vocês: uma terceira pessoa só será útil se for um profissional da psicologia. Pessoas como padres, pastores, amigos ou parentes não terão a isenção necessária para ajudá-los.

Um casal conhecido de uma colega combinou no começo do casamento que reservariam uma noite na semana para fazer sexo, assim teriam relação toda semana, nem que fosse apenas naquele dia. Quando ouvi essa história, a princípio não achei romântico, mas, quando conheci a esposa e vi a euforia dela contando que é como um encontro entre os dois, entendi o ponto de vista deles. Ambos sabem que naquele dia estarão juntos. Ela não agenda nada naquela noite e ele vai mais cedo para casa. Nessa noite, eles estão um para o outro. Caso ela não gostasse de estar com o marido, seria um fardo. O combinado é que, independente do que passaram na semana, aquele dia é dos dois. Funciona para eles.

Um outro casal que se separou recentemente começou a ter muitas discussões entre si, passaram, então, a se afastar fisicamente. Primeiro, quando um queria sexo, o outro evitava, dando uma desculpa qualquer ou iniciando uma nova discussão, depois passaram a dormir separados por um motivo que racionalmente era válido. Dali a alguns meses, separaram-se definitivamente.

Sexo como moeda de troca ou objeto de barganha é aceito entre alguns casais, porém quando o sexo se torna recompensa ou castigo, a relação não está saudável, está faltando amor, respeito ou empatia. Lembre-se: pior do que ficar sozinho é sentir-se só dentro de um relacionamento.

Sexo com quem se gosta tem de ser gostoso, empolgante, excitante, cúmplice, gratuito. Se não for... você decide o que fazer, mas faça algo imediatamente, afinal é a sua felicidade que está em risco.

– AMIZADE –

"A amizade é um amor que nunca morre."
Mario Quintana, poeta, escritor e jornalista brasileiro

A humanidade está precisando de mais amor. Estamos num momento da história em que os seres humanos estão se afastando cada vez mais. A vida humana se banalizando e o ser humano voltando a ser considerado mercadoria com estoque alto e substituível. Podemos fazer tantas coisas a distância, que nos esquecemos do contato. O ser humano é um ser gregário, precisa estar com seus semelhantes, em contato com outros seres, porém estamos nos tornando solitários no meio de uma multidão que não se enxerga. Queremos falar e nos esquecemos de ouvir. Vemos defeitos e esquecemos que não somos perfeitos. Para que haja mais amor, é necessário mais aceitação e mais amizade. Para ser amigo, é fundamental respeitar-se, respeitar o outro e se fazer respeitar. Amigo não é aquele que diz amém a tudo que você diz, este é um discípulo. Amigo não é aquele que apenas te faz rir, este é um palhaço. Amigo é aquele que, apesar de conhecer seu piores defeitos, sabe quais são suas maiores virtudes. Amigo sabe que um momento ruim não define quem você é. Se você deseja um amigo perfeito, nunca terá um amigo de verdade, pois todos somos imperfeitos.

Eu acredito no ser humano quando ele escolhe ser bom. Somos capazes dos gestos mais egoístas ou do mais puro altruísmo. É por isso que eu escrevo, quero que você escolha ser bom. Seja o amigo que convida para um café, o amigo que faz rir, o amigo que ri de uma piada sem graça, o amigo que faz recordar virtudes, que recorda que após as quedas você se ergueu mais forte, que relembra suas vitórias e superações, o amigo que escolhe estar presente e que acolhe com sua presença. Amizade é troca, é complementação, é amor puro. Um amigo que preza o outro não maltrata nem envergonha. Se isso ocorrer, talvez não seja amizade. Amigo é o irmão que não tivemos, é um anjo que Deus colocou em nosso caminho. Seja esse irmão, esse anjo para alguém, e outro alguém o será para você.

Estar feliz é escolher encontrar os amigos hoje, ou amanhã, ou todos os dias, ou só uma vez por ano, mas encontrá-los mais. A tecnologia nos mantém distantes, mas serve também para nos aproximar quando precisamos combinar um almoço, café, jantar, baile, aniversário (vale qualquer desculpa para se encontrar com os amigos).

Lembrando que você pode ser o amigo-chato, mas não seja chato o tempo todo, ou deixará de ser amigo.

Há alguns anos, eu tinha uma amiga nissei muito centrada e ponderada. Nessa época, me apaixonei por um rapaz, ficamos juntos por pouco tempo e fui "dispensada". Durante meses, essa amiga ouviu minhas lamentações todas as vezes que nos falávamos. De repente, ela parou de telefonar e desapareceu. Fiquei sabendo que ela estava namorando, liguei para dar os parabéns e perguntei por que ela não me contara. Pela primeira vez em meses parei para escutá-la, ela me explicou que não falara com receio de me deixar mais triste, pois eu não parava de chorar o rompimento ocorrido. Conscientizei-me de que ninguém merece viver lamúrias, nem escutá-las eternamente. Quando reclamamos muito, até os melhores amigos se afastam: ou para nos dar espaço para nos recuperarmos, ou simplesmente para não expor sua alegria diante de nossa tristeza.

Amizade é para a vida toda. Ter com quem compartilhar os bons, maus e melhores momentos é maravilhoso. Mais importante do que ter um amigo é ser um amigo.

– A ALEGRIA DA GRAVIDEZ –

*"Tudo é incerto neste mundo hediondo,
mas não o amor de uma mãe."*
James Joyce, poeta e romancista irlandês

    Tive poucas certezas na minha vida, e uma delas era que queria ser mãe de um menino. Era um sonho de adolescente. Pensava que, para ter e criar um filho, eu precisava ter uma estrutura de família tradicional (mamãe, papai e filhinho). Durante um casamento de quase sete anos, só engravidei uma vez e, devido à incompatibilidade sanguínea (eu tenho fator RH negativo e meu ex-marido, RH positivo), tive o infortúnio de sofrer um aborto com doze semanas de gestação. O mundo desabou em mim. Depois disso, quase todos os meses, quando minha menstruação atrasava, eu acreditava estar grávida. Nem preciso dizer o quanto foi triste e frustrante.
    Separada há mais de seis anos, comecei a sair com um homem lindo, alto e forte, o perfeito "macho-alfa". Levei um pé na bunda três ou quatro meses depois que começamos a sair, pois ele queria reatar um noivado rompido. Lembro que chorei muito no ombro da minha melhor amiga, pois com o rapaz vi desaparecer a chance de um dia ter uma família. "Defeitinho" feminino nessa história: construir um futuro imaginário com o *crush* que acabara de conhecer.
    Passados alguns meses, soube que o noivado desfeito não se refez, provavelmente porque a noiva era mais esperta que eu.

Feriado da cidade de São Paulo, 25 de janeiro de 2007, minha melhor amiga foi viajar com o namorado e eu não tinha o que fazer. Inventei de ligar para o moçoilo e convidei-o para jantar. Após o jantar, da mesa para a cama foi um pulinho, admito que acabamos passando bons momentos juntos. Deveria dizer excelentes momentos, já que meu filho foi concebido nesse dia.

Três semanas depois, tinha de ir à inauguração de um novo posto de trabalho da minha melhor amiga, o filho dela passaria para me pegar e levar até o evento. Acontece que, nessa mesma época, ao fazer um exame ginecológico, ocorreu a suspeita de câncer no útero. Para confirmar o diagnóstico ou excluí-lo, eu teria de realizar um novo exame que fora marcado para o dia seguinte à inauguração.

O exame consistia na retirada de um pedacinho da parede do útero para realizar uma biópsia, e, para isso, eu teria de informar que não estava grávida. Como mais uma vez minha menstruação atrasara, pensei que o médico não acreditaria se eu dissesse que minha menstruação é totalmente irregular e que eu não estava grávida, então tive a ideia de comprar um teste de farmácia e levá-lo no dia seguinte para confirmar minha palavra.

Passei na farmácia, comprei o kit mais barato para verificar gravidez e fui para casa. Fiz o teste tranquilamente e, enquanto aguardava os minutos necessários, fui comer um lanche. Quando voltei para pegar o marcador, quase caí de costas, pois marcava "positivo". Meu coração acelerou, tentei ser racional e pensei "deve estar errado", como tantos outros exames que eu pensei estar grávida e deram negativo.

Corri na farmácia e comprei os quatro kits que a balconista me oferecera na primeira vez que estivera por lá, todos de marcas e procedimentos diferentes. Cheguei em casa e nem quis saber se era necessária a primeira urina ou não. Fiz xixi num potinho e coloquei todos para funcionar. Fiquei ao lado dos marcadores olhando ansiosamente no relógio até que saíram os resultados. Todos "positivos". Meu coração acelerou, eu pulei e chorei de alegria. Foi a emoção positiva mais surpreendente que vivi até aquele momento.

Fui à inauguração tão feliz... Estava andando nas nuvens, não via a hora de contar para alguém. Escolhi minha amiga para ser a primeira, mas ficou difícil de falar a sós com ela durante a festa. Quando consegui contar, ela ficou boquiaberta e me perguntou:

— Grávida? De quem?

Afinal, eu tinha 36 anos e não estava namorando. Tive de explicar meio envergonhada que, enquanto ela viajava, eu aproveitei o dia. Ela ficou muito feliz e disse que eu precisava contar ao pai do bebê. Até aquele momento eu não tinha pensado no pai da criança. Como contar a um homem quase desconhecido que vocês terão um filho juntos? Por telefone e indo direto ao assunto, esperando que ele não seja cardíaco e morra com a notícia. Ele pode ficar mudo ou falar o que quiser, mas o fato de o feto estar em sua barriga é irrefutável. Depois disso é ver o que acontece.

– COMPLICAÇÕES NA GRAVIDEZ –

"Eu encontro esperança nos dias mais sombrios, e foco nos mais brilhantes. Eu não julgo o universo."
Dalai Lama, líder espiritual e chefe de Estado do Tibete

Gravidez tem de ser considerada uma bênção. Quando uma criança vem ao mundo, ela muda o mundo das pessoas que a amam. O primeiro ultrassom a gente não esquece, aquele pontinho que é só um coração que bate. Aí começou minha preocupação. A médica viu algo incomum ao examinar o "pontinho".

— Teremos que acompanhar — disse a doutora.

Esse foi só o primeiro motivo de apreensão. Conforme se seguiam as semanas, descobriu-se que o bebê tinha uma má-formação no coração, onde o sangue venoso e o sangue arterial se misturavam, e isso não deveria acontecer.

No quinto mês, os médicos sugeriram uma amniocentese para verificar se, além da má-formação, o bebê tinha síndrome de Down, pois esse problema é comum na formação dos bebês com essa variação genética. O exame é complexo e o resultado demorou trinta dias.

Após o exame, o repouso deve ser absoluto para preservar o bebê. Durante o repouso, temos tempo de pensar e, nos dias que antecedem o resultado, os pensamentos ficam aceleradíssimos. Nada de flexões, mas muitas reflexões.

E se o meu filho nascer com síndrome de Down? Tenho um irmão com *déficit* intelectual, devido à hidrocefalia, e sei que a vida dele não é fácil. As pessoas o observam com curiosidade, com pena e até mesmo com aversão. Mesmo entre familiares ele é ignorado como se não existisse.

 Pensei muito e cheguei à conclusão de que isso não importava, eu iria amá-lo de qualquer jeito, lutaria contra os preconceitos, daria liberdade para que ele alcançasse seus sonhos, evitaria superprotegê-lo, ensinaria a ser independente e pediria muito a Deus para que em seu caminho houvesse pessoas boas. Resumindo: o desejo de toda mãe para cada um dos seus filhos, quer eles sejam especiais ou extraordinários.

 No dia do resultado do exame, enquanto esperava o pai do meu filho e a chamada no consultório, fiquei muito nervosa, liguei para a minha melhor amiga quase chorando e ela perguntou se eu aceitava que uma amiga dela, pastora de uma igreja evangélica, fizesse uma oração comigo por telefone, e eu aceitei. Após desligar, quase em seguida essa pastora ligou e fez uma oração pelo telefone, eu fechei meus olhos, escutei a oração, acompanhei em pensamento e a angústia que sentia foi passando. No final da oração, eu já havia me acalmado. O pai do meu filho chegou e o médico nos chamou.

 O resultado do exame confirmou o sexo do bebê, menino, a síndrome de Down foi descartada, mas a má-formação persistia.

 Eu acreditava que uma criança precisava ter pai e mãe ao lado dela, por isso insisti em casar com o pai do meu filho, um homem que eu mal conhecia. Marcamos o casamento para o final de agosto de 2007, mas, na véspera do dia dos pais, brigamos por telefone e nos separamos antes mesmo de nos unir.

 Meu mundo ruiu. Eu estava sozinha, preocupada e com um ser que dependia única e exclusivamente de mim.

O que eu devia fazer? Sentia-me frágil, desprotegida e despreparada. Por amor ao ser que nasceria decidi ser forte, afinal não enxergava outra opção.

Durante a semana, minha melhor amiga me ligou contando que assistira no domingo a um programa na televisão que contava a história de um feto com problema no coração que fora operado dentro da barriga da mãe. A cirurgia tinha sido realizada em São Paulo e o médico também era da cidade. Naquele momento, senti uma forte esperança de que tudo daria certo e que eu faria qualquer coisa para que meu filho ficasse bem.

Descobri onde o dr. Renato Assad atendia (era esse o nome do médico cardiologista), e marquei uma consulta particular, pois o meu convênio não cobria.

No dia, fui sozinha, levei todos os exames que tinha e aguardei ansiosamente minha vez. Tinham vários pacientes para serem atendidos e eu era a última na fila de espera. A sala onde ele atendia tinha de ser ocupada por outro médico e eu até pensei que seria dispensada. A enfermeira me explicou no corredor que o médico me atenderia em outro consultório no corredor oposto onde eu estava. Fiquei mais nervosa.

Após alguns minutos de espera, ele me chamou. Entrei no consultório, expliquei que vira a reportagem sobre ele na televisão e que meu bebê tinha um problema similar. Quando entreguei os exames na mão dele, eu desatei a chorar copiosamente. Ele me deu uma toalha de papel para enxugar as lágrimas e esperou que eu me controlasse. Enquanto eu chorava, ele verificava os exames e de vez em quando me lançava um olhar afável. Quando finalmente parei de chorar, ele pegou um receituário e começou a me explicar como funcionava o coração.

Explicou qual era o problema do coração do meu filho e como poderia resolvê-lo. Desenhou cuidadosamente quais intervenções precisavam ser feitas, explicou que poderiam ser necessárias até três cirurgias em idades diferentes para correção total, e pediu que eu me tranquilizasse, pois essa correção era possível. Meu bebê poderia ficar bem! Ele foi muito além ao dizer que meu filho teria uma vida normal, que ele poderia escolher a profissão que quisesse, só não poderia ser atleta profissional, mas poderia ser médico, ou engenheiro, ou qualquer outra profissão valorosa.

Ele explicou tudo com a simplicidade de quem sabe e gosta do que faz. Salientou que o procedimento ainda no útero não era recomendado no meu caso e que a primeira cirurgia deveria ser feita nos primeiros dias do nascimento. Perguntou em qual maternidade eu teria meu filho. Verificou em qual hospital mais próximo ele trabalhava para garantir a transferência segura do bebê e onde meu convênio cobriria a cirurgia. Feito isso, me passou seus telefones pessoais e do consultório e pediu que eu avisasse quando o bebê iria nascer para que sua equipe ficasse de prontidão, pois, caso fosse necessária uma cirurgia de emergência, uma ambulância transferiria imediatamente o bebê para que ele fosse operado. Saí do consultório muito agradecida, diria até feliz.

Um mês depois, meu filho nasceu de cesariana, para não estressar o coração dele forçando-o a um parto normal. Quando ele saiu do meu ventre, a médica me apresentou a ele. Após uma ligeira limpeza, a enfermeira colocou-o ao lado do meu rosto, pensei que teriam de sair correndo com ele para examiná-lo, mas, surpreendentemente, ela me perguntou:

– Você não quer beijar seu filho?

Com lágrimas escorrendo pelo rosto, beijei-o e, então, o levaram para realizar o primeiro ecocardiograma.

Os piores minutos da minha vida foram depois do parto, eu queria falar com o médico e ver meu filho. A enfermeira me avisou que eu só poderia ir para o quarto quando passasse o efeito da anestesia e eu pudesse levantar minha perna. Cansei de tentar levantar a perna, mas, com o efeito da anestesia, ela não respondia. Fiquei me esforçando e chorando enquanto isso. A impressão que eu tenho é de que se passaram horas sem eu saber de notícia alguma.

Quando a anestesia passou, me levaram para o quarto. O médico chegou em pouco tempo. Antes que ele dissesse qualquer coisa, contei o histórico resumido do meu filho e que havia uma equipe de prontidão caso fosse necessária alguma intervenção cirúrgica. Em tom profissional, ele me disse que tal atitude não era necessária, tendo em vista que o hospital contava com especialistas em cardiopediatria. Falou que o ecocardiograma fora realizado e que não constava nada de anormal nele. Perguntou se eu não havia me enganado com relação ao prognóstico por mim apresentado, tendo em vista que o exame recém-realizado não apresentava nada de grave.

Chorei de novo, mas desta vez de alegria. Por medida preventiva, meu bebê ficou na unidade de terapia intensiva por um dia e na semi-intensiva por mais dois dias.

Antes de deixar o hospital, passei pela UTI para me despedir. Acariciei seu rosto colocando a mão dentro da incubadora e falei baixinho para ele se comportar bem para ser liberado rápido.

Voltei para casa sem meu filho nos braços. Foram três longos dias em que só ficamos algumas horas juntos. Na noite em que ele ficou no hospital e eu em casa, quase não consegui dormir. Não sentia nem sequer a marca da cesariana, só conseguia pensar nele. Parecia que eu estava anestesiada. Quando finalmente fui buscá-lo, foi a maior alegria da minha vida. A carinha inchada de quem acabara de nascer, uma braveza no olhar de quem não entendia por que tinha ficado naquele lugar mais tempo que a mãe, a tranquilidade de estar em segurança e o toque de quem sabia que seria muito amado.

Quando chegamos em casa, não conseguia parar de admirá-lo, era tão perfeito.

Depois de toda essa experiência, escolhi não arriscar a passar por tudo de novo. Nem uma única vez existiu arrependimento por esses meses de angústia. Valeu a pena cem por cento! Na dificuldade, desenvolvemos talentos, aumentamos nossa fé, adquirimos mais força, descobrimos o quanto somos corajosos, mas o que vale mesmo é o resultado final, neste caso, o resultado "filial".

– FURTO EM CASA –

"Eu aprendi que a coragem não é a ausência de medo, mas o triunfo sobre ele. O homem corajoso não é aquele que não sente medo, mas aquele que conquista por cima do medo."

Nelson Mandela, advogado, líder e ex-presidente da África do Sul

Ter uma casa com sacada é um sonho realizado. O único problema era que a suíte que abrigava a sacada ficava de frente para a rua, cujo movimento de carros e pessoas só cedia na madrugada, no horário em que o metrô estava fechado.

Eu cursava Direito no período da manhã, trabalhava em uma empresa à tarde, e, quando chegava em casa à noite, tinha as obrigações de casa e as atividades da faculdade, que exigiam um sono reparador. Para evitar o estresse do barulho noturno, usava a suíte normalmente durante o dia para trocar de roupa e tomar banho, e a fechava com chave à noite enquanto dormia num outro quarto, mais distante da rua.

No dia 10 de julho de 2014, época de férias escolares, acordei mais tarde e fui ao meu quarto pegar uma troca de roupas para ir ao trabalho. Quando entrei no quarto, fui surpreendida pela bagunça que reinava. Num instante, pensei que havia deixado a janela aberta e que o vento havia derrubado a pilha de roupas que eu tinha deixado sobre a cama para guardar. No momento seguinte, pensei "vento não espalha roupa por todo lado, só se fosse um redemoinho. Redemoinho dentro de casa?!". Então me dei conta das gavetas abertas, das roupas espalhadas e misturadas, das portas do guarda-roupa escancaradas e dos sapatos misturados no chão com perfumes e produtos cosméticos.

Invadiram a minha casa! Fui fechar a porta que acabara de abrir e que dava acesso ao corredor interno da casa e vi que haviam tentado abri-la por dentro com tanta força que a maçaneta ficara torta.

Meio abobada, fui contar para minha mãe e ligar para a polícia. Não mexemos em nada. A polícia veio, olhou e disse que não tinha o que fazer, que eu devia registrar o boletim de ocorrência, pois, dentre as coisas levadas, constavam dois talões de cheque.

Enquanto eu olhava a bagunça, meu celular tocou. Era minha prima informando que minha avó, a mulher que me criara como mãe, falecera naquela manhã. Expliquei o que tinha acontecido em casa, que assim que resolvesse o problema na delegacia iria para onde quer que fosse o velório. Chorei, ergui a cabeça, e com o coração partido fui à delegacia.

Passei a noite com meus familiares velando minha amada avozinha. Pela manhã ela foi enterrada e voltamos todos para nossas respectivas casas. À noite, dormi por pura exaustão.

No dia seguinte, encostei a cômoda e a cama na porta-balcão para bloquearem a entrada.

Toda noite, eu levantava algumas vezes para ir ao banheiro. Acordei às duas horas da manhã do domingo, parei no corredor ao lado da porta do quarto e ouvi um barulho. Como os sons são mais altos no silêncio da madrugada, a princípio achei que não fosse nada preocupante. Pode ser o vento, pensei novamente, mas vento não arrasta móveis. Colei a orelha na porta e ouvi em alto e bom som o arrastar dos móveis que eu colocara mais cedo bloqueando a porta da sacada. Meu telefone fixo é sem fio, sua base fica na suíte, o que me impedia de utilizá-lo naquele momento. Corri para o quarto em que eu dormia, peguei o celular e, enquanto discava para a polícia, fui para o quarto que abrigava minha mãe e meu filho. Ambos dormiam. Entrei, fechei a porta com o máximo de cuidado e, enquanto a ligação chamava, acordei minha mãe, pedindo silêncio e informando que estávamos com ladrões dentro de casa. A polícia atendeu, e eu, em voz muito baixa, contei o que acontecia e informei, sem notar, o endereço errado. A atendente disse que a viatura estava a caminho e que eu aguardasse.

Tremendo muito, disse para minha mãe se manter em silêncio absoluto. O tempo parece passar bem devagar quando se está com medo. Meu celular vibrou, não sei o motivo, mas achei que fosse a policial que me atendera de manhã. Desnorteada, eu falei o nome dela e disse que os bandidos tinham voltado. A atendente disse que os policiais estavam na minha rua, mas que não encontravam o número que eu havia fornecido. O número estava errado. Com a voz trêmula, informei o número certo e a atendente disse que ficaríamos em contato até que a patrulha chegasse em minha casa. Ela tentou me acalmar e a viatura chegou no meu portão. Fiquei estarrecida quando ela me disse que eu teria de abrir o portão e a porta para os policiais, pois eles não podiam invadir a casa. Perguntou se eu teria como fazer isso sem ser parada pelos bandidos, pois era a única maneira de os policiais entrarem em casa.

Abri a porta do quarto da minha mãe bem devagar e, sorrateiramente, saí pelo corredor, após instruí-la a fechar a porta permanecendo quieta com meu filho que dormia. No corredor interno, olhei em direção à porta da suíte onde os meliantes estavam para ter certeza de que permanecia trancada.

Fui até a sala, abri a porta e desci pelo corredor externo até o portão. No corredor pude ver o giroflex das viaturas piscando. Senti um pouco de alívio.

Corri, abri o portão e um dos policiais perguntou se eu estava sozinha. Errei novamente ao dizer que sim. Expliquei onde ficava guardada a chave da suíte onde os bandidos estavam e ele pediu que eu permanecesse ali na garagem aguardando.

Fiquei parada, tremendo não sei se de frio ou de medo, enquanto vários policiais vasculhavam minha casa. Depois de um tempo, que pareceu uma eternidade, eles desceram com dois indivíduos algemados e informaram que encontraram um deitado atrás da minha cama e outro escondido no banheiro.

Sou imensamente grata aos policiais militares que atenderam àquela ocorrência de madrugada. Como eu não tinha carro, me levaram de viatura para poder lavrar o flagrante. Já eram quase cinco horas da manhã quando chegamos à delegacia. No caminho, os policiais que me conduziram disseram que os "indivíduos" provavelmente eram viciados em drogas, pois não estavam armados.

Um dos elementos era foragido da justiça, e o outro cometia seu primeiro delito após a maioridade penal. Foram enquadrados por tentativa de furto qualificado. Cursando Direito, soube que eles estariam nas ruas em pouco tempo.

Tive de ir à audiência de julgamento dos dois. O olhar de ódio que me lançaram dava vontade de bater na cara deles, destacando que a vítima fui eu. Daquele dia em diante, não conseguia dormir. Acordava todos os dias às duas da manhã e só conseguia dormir quando o dia clareava.

O problema maior era que eu estudava de manhã. Passei a dormir noite sim, noite não. Parecia um autômato. Qualquer barulho de madrugada me acordava, meu coração disparava, sentia-me alerta a noite toda. Foi terrível.

Exausta, procurei um psiquiatra. Fui diagnosticada com síndrome de estresse pós-traumático, o mesmo problema que adquirem aqueles que vão para a guerra, mas a minha guerra fora pessoal.

Não consegui tomar remédios para dormir porque tinha medo de que algo acontecesse enquanto dormia. Coloquei grades na casa toda, principalmente na porta-balcão, e ficava sempre vigilante. Até brinquei dizendo que poderia ser contratada como guarda-noturno da rua, pois qualquer coisa me deixava alerta.

Só consegui superar esse evento com ajuda profissional. Se eu continuasse como estava, sem auxílio, acredito que teria morrido. Alguns problemas vão muito além de nós, sozinhos não conseguimos resolver. Para essas situações, devemos esquecer o orgulho ou qualquer preconceito e buscar ajuda.

Levei dois anos com auxílio psicológico para poder dormir tranquila. A experiência mostrou que, por mais frágil que a situação nos faça sentir, a força e a coragem vêm quando outra opção não pode ser considerada.

Continuo alerta, principalmente de madrugada. Quando ouço um barulho diferente, como em todo filme de terror, vou investigar. Analiso a situação, verifico o potencial perigo e volto a dormir tranquilamente.

Tenha certeza de que até os piores episódios de nossas vidas, assim como os melhores, passam.

– ANIMAIS DE ESTIMAÇÃO, *PETS* –

*"Quanto mais conheço a humanidade,
mais eu amo os meus cachorros..."*

Raul Seixas, cantor e compositor brasileiro

O termo animais de estimação, ou *pets*, em inglês, parece antigo, mas o amor que sentimos por esses animaizinhos é bem atual.

O primeiro animal que ganhou meu coração foi um cachorro pequinês chamado Rex. Não sei ao certo como ele chegou em nossa casa, mas ele chegou até nós. Meu tio Eloi o encontrara na rua machucado e tratou suas feridas. O cachorrinho tinha tanto medo de voltar à rua que, mesmo quando o portão de casa se abria, ele mantinha uma distância segura, como se quisesse ter certeza de que ninguém o expulsaria.

Na minha casa, morávamos eu, meus dois tios e minha avó paterna. Rex seguia tio Eloi por onde ele fosse na casa e dormia aos pés dele todas as noites. Era um cachorro dócil, brincalhão e inteligente.

Rex dava atenção aos demais ocupantes da casa apenas quando meu tio estava fora trabalhando. Perto do horário do meu tio chegar, Rex ia até o portão e, quando meu tio chegava, seu mundo era segui-lo. Essa era a rotina diária dele.

Certa vez, meu tio Eloi foi viajar, então dormi na cama dele e pude curtir a companhia do Rex até durante a noite. Realmente ele era um grande companheiro durante o dia e esquentava nossos pés durante a noite.

Rex não fazia nada de extraordinário, apenas era um cachorrinho que deixava todos felizes por sua presença. Os dias se passaram e, em pouco tempo, foram-se os anos. Ele não tinha a mesma vivacidade de quando chegara em casa, mas sempre nos recompensava com sua companhia.

Dez anos depois de sua chegada, ele começou a andar sem tanto vigor. Às vezes gania e se deitava. Meu tio Eloi dava remédio para aliviar a dor. Até que um dia ele começou a ganir de madrugada e, mesmo com a medicação, a dor não cedeu. Meu tio precisava trabalhar, então pediu que eu ficasse de olho no Rex e falou esperançoso que provavelmente ele melhoraria.

Recordo bem que esse foi um dos piores dias da minha vida. Vi a dor assumindo e a vida abandonando pouco a pouco aquele ser que tantas alegrias nos dera. Fiquei acariciando o pelo dele como muitas vezes eu fizera, talvez ele fingisse que a dor ia embora enquanto eu o acariciava porque ele realmente ficava quietinho.

Perto do horário do meu tio chegar do trabalho, Rex começou a respirar com dificuldade. Meu tio chegou e foi direto vê-lo. Os olhinhos do Rex chegaram a brilhar quando o viram, ele tentou se levantar, mas não conseguiu, tentou abanar o rabo, mas o esforço era muito grande, ele lambeu a mão do meu tio, fechou os olhos enquanto meu tio o acariciava e não os abriu mais. Rex partiu ao lado de quem ele mais amou na vida. Foi uma da poucas vezes em que vi meu tio chorar.

Senti naquele dia a ligação de amor que une um ser a outro. Rex sofreu o dia todo para poder realizar sua última despedida.

Escolher ter um *pet* é uma decisão para a vida toda, pois até quando o animalzinho morre as lembranças nos acompanham por toda a nossa vida. É uma escolha que precisa ser responsável. No momento em que colocamos outro ser em nosso convívio, temos total responsabilidade sobre ele. Se você não se sente preparado para isso, não faça! Imagine-se vivendo com uma família e depois de muito tempo sendo expulso por ela. Analise se em sua vida existe espaço para cuidar de outro ser. Se você gosta de viajar, onde deixará seu "amiguinho"? O que seu "coleguinha" ficará fazendo enquanto você estiver fora de casa? Você gostaria de ficar numa cela minúscula, sozinho, apenas com direito a banho de sol? Pense no animalzinho antes de pensar em você. Caso seja um problema, escolha estar feliz brincando com os *pets* dos vizinhos e se ofereça para ficar com eles eventualmente.

– A QUEM DAR UMA PROCURAÇÃO? –

"A confiança do ingênuo é a arma mais útil do mentiroso."

Stephen King, escritor de ficção e contos de terror norte-americano

Pode ser que em algum momento da sua vida você precise dar uma procuração a alguém. Seu procurador deve ser uma pessoa de sua total confiança, que já tenha demonstrado lealdade a você e a outras pessoas. Honestidade é fundamental. Não tenha a ilusão de que uma pessoa desonesta será honesta só com você. As pessoas tendem a seguir sua natureza.

Uma amiga estava morando com um rapaz cujo passado ela desconhecia. Ela foi apresentada a ele por amigos em comum, que o conheciam profissionalmente. Alguns meses depois do início da união com o rapaz, ele a convidou para um almoço comemorativo.

No restaurante, ele começou a falar sobre um casal de amigos, cuja esposa tivera um problema de saúde e não podia realizar algumas atividades, explicou que a confiança do casal era total e que ambos haviam feito procurações recíprocas caso fosse necessário um agir em nome do outro. E ficou dissertando sobre confiança, relacionamentos e procurações.

Minha amiga, que vem de uma família de advogados, disse que a ideia da procuração era muito boa. Em breve faria uma procuração para a mãe ou a prima advogada de confiança para que atuasse em seu nome caso necessário.

O rapaz começou, então, a desqualificar a prima que passava tempos sem vê-la, a mãe que já não era tão jovem e começou a destacar suas próprias qualidades. Eis um típico caso de golpe! Se alguém ficar muito solícito para ser seu procurador, desconfie. A responsabilidade de um procurador é muito grande e a maioria das pessoas fica um pouco reticente em aceitar tal atribuição.

Estamos falando de procuração para representação gratuita, não a procuração remunerada concedida normalmente a profissionais da área jurídica.

Você confiaria sua vida ao seu procurador? E suas finanças? Se responder "não, eu não confio em ninguém", caso precise confiar, aconselho que utilize uma procuração limitada a fins específicos. Se disser "sim, confiaria minha vida a ele(a)", conceda a procuração, porém observe a atuação do seu procurador.

– TRABALHO –

"Quando o trabalho é prazer, a vida é uma grande alegria. Quando o trabalho é dever, a vida é uma escravidão."

Maksim Górki, escritor, contista e ativista russo

Trabalhei como gerente de banco durante alguns anos: metas estratosféricas, pressão por resultados, lucros acima do bem ou mal do cliente. A pergunta sincera ao cliente que senta à nossa mesa devia ser "qual produto eu posso te vender hoje?" ou "o que você pode fazer com seu dinheiro para que o banco lucre mais?". O funcionário é considerado um número validado ou descartado pela quantidade de produtos que vende.

Eu adorava conversar com os clientes, ouvia-os e tentava ajudá-los com seus problemas. Ficava muito feliz quando a solução era apenas um produto bancário. Ficava feliz por ajudar e aliviada por não ter de "empurrar" nada. Graças à postura de resolver problemas, nunca fui uma boa vendedora. Trabalhei com clientes de baixa e alta renda, notei que os mais bem-sucedidos gostavam de seus trabalhos, quer fossem vendedores, editores, músicos, empresários, comerciários, industriários, profissionais liberais. Não importava a área em que atuavam, eles realmente gostavam do que faziam. Dava para notar a paixão na voz deles quando comentavam sua rotina de trabalho.

Na mesma proporção de gostar de conversar com os clientes, eu detestava dar satisfação do que fazia ao meu superior. Acreditava que, estando empenhada no trabalho, ele saberia o que eu estava fazendo, mas só empenho sem grandes resultados não era suficiente.

Eu tinha um problema sério com relação à finalização de uma venda, pois eu explicava bem demais e deixava o cliente pensar a respeito. Houve várias vezes em que apresentei o produto ao cliente, ele retornou dias depois formalizando a venda com outra pessoa, pois cliente que aparece querendo um produto consegue atendimento com o primeiro funcionário do banco que encontra. Como eu era gerente, acreditava que, se minha carteira de clientes estivesse rentável, eu estava bem. Meu superior não pensava assim. Como eu não apresentava "relatórios diários" do que fazia, ele deduzia que eu não fazia nada, então passou a cobrar mais ação.

Minha cobrança interna por não atingir o que era esperado, somada à cobrança de meu superior, fez com que eu perdesse a alegria para trabalhar. Comecei a ter dores de cabeça atrozes. Tomava diversos analgésicos, contudo a dor não passava. Depois de três dias consecutivos com dores de cabeça, tomando remédios autoprescritos, decidi ir a um pronto-socorro.

Minha pressão arterial era normalmente baixa, jamais me passara pela cabeça que as dores que eu sentia eram decorrentes de pressão alta. O médico que me atendeu mediu minha pressão e ficou muito bravo por eu não ter procurado socorro antes. Encaminhou-me para ser medicada explicando que, se eu passasse mais um dia ignorando o alerta que meu corpo enviava, eu teria com certeza um acidente vascular cerebral.

Fiquei chocadíssima, pois eu só tinha 34 anos. O trabalho estava me fazendo mal. Não comentei nada no serviço. Dias depois meu superior fez o que equivaleria a uma demissão, colocou-me à disposição de qualquer unidade que me aceitasse. O mais interessante foi como isso aconteceu.

Na quinta-feira à tarde, fui chamada na sala do meu superior. Como eu nunca apresentara relatório do que fazia, achei que ele queria saber o que eu estava fazendo. Peguei minha agenda, toda animada, pois tinha várias promessas de finalização de negócios para os próximos dias, devido ao contato via e-mail e telefone com os clientes da minha carteira. Mal me sentei, e meu gerente geral perguntou como eu estava trabalhando a minha carteira. Toda empolgada, comecei a numerar os negócios que tinha para concretizar, então ele me interrompeu rispidamente dizendo que o gerente regional tinha me tirado daquela agência e me colocado à disposição. No dia seguinte, eu e mais alguns gerentes que haviam sido dispensados estaríamos passando por uma entrevista com os gerentes gerais que tinham vagas de gerente em suas unidades para que os melhores fossem aproveitados.

Fiquei muito surpresa, então voltei para minha mesa para pegar minhas coisas. Enquanto recolhia tudo o que era meu, chorava e pedia para uma colega que trabalhava ao meu lado que atendesse meus clientes. Chorando muito, passei para ela todos os contatos que eu fizera e com o que cada cliente se comprometera. Ela só precisava finalizar os negócios. Ela falou que eu devia pegar minhas coisas e não me preocupar com isso, mas eu me sentia obrigada a achar alguém que atendesse aqueles clientes, pois confiaram em mim.

Consegui ir para outra agência, mas não amadureci com a experiência. Comecei cometendo os mesmos erros: não vendia e não mantinha o gerente geral a par do que eu estava fazendo. E ele, no final de cada dia, vinha me cientificar das vendas realizadas por outro colega dizendo que, se ele realizava isso no meio do tumulto, eu poderia fazer muito mais por estar no mezanino ao qual o público em geral não tinha acesso. Meu maior defeito era querer resolver os problemas, não importava de quem fosse. Eu resolvia problemas, mas não vendia. Para os clientes que eu atendia era excelente, para os colegas de trabalho era ótimo, pois eles vendiam enquanto eu respondia outras demandas, para mim nem preciso falar que foi bem ruim. Lógica básica: bom funcionário é o que vende muito. Eu não vendo. Portanto eu não sou uma boa funcionária. Quase acreditei nisso. Analisando o que acontecia, entendi que eu estava na função errada, então pedi demissão, dessa forma poderia encontrar um lugar que valorizasse minhas aptidões.

A única maneira de saber no que você é bom é fazendo. Passei, então, a procurar algo de que eu gostasse, algo que me fizesse bem. Ainda não encontrei! Mudo de atividade de tempos em tempos, aprendendo coisas novas, vou me divertindo enquanto não acho o que realmente amo.

No caminho, descobri que me sinto instigada a resolver problemas, gosto de lidar com pessoas, adoro aprender coisas novas, fico muito feliz quando consigo ajudar ou ensinar algo a alguém, detesto ser pressionada e odeio metas inatingíveis. Aprendi a escutar e valorizar mais as pessoas ao meu redor.

Se começo a dar atenção às reclamações dos colegas no local de trabalho, é sinal de que está na hora de mudar. A insatisfação tende a ser o maior propulsor de mudança. Quando as coisas estão confortáveis, tendemos à inércia.

Você pode amar o que faz, contudo em nenhum momento deixará de ser trabalho. Num momento em que não sabemos se a aposentadoria fará parte do nosso futuro, faço a pergunta incômoda: "você se vê fazendo o que faz hoje com 80 anos?". Se para você, assim como eu, a perspectiva te apavora, mude o rumo de sua vida. Se seu trabalho só lhe causa dissabores, mude de trabalho antes que ele acabe com você. E o trabalho com certeza acabará com você, quer seja física, financeira ou psicologicamente. Fato é que o tempo despendido não retornará. No que você realmente gostaria de gastar seu tempo? Se você não pode mudar o que faz, encontre algo a mais para fazer. Algo que realmente lhe dê orgulho de si mesmo. Pode ser filantropia, marcenaria, pintura, costura, música, dança, literatura, canto, qualquer atividade que te dê prazer. Trabalho precisa ter a sua compensação. Se não compensa, escolha o que é melhor para você. Afinal, até quando você estará aqui?

– AMIGO SECRETO, NUNCA MAIS –

"Brincadeiras não existem."
Sigmund Freud, criador da psicanálise e
médico neurologista austríaco

Minha avó paterna me criou. Até os meus 11 anos, meus pais moravam juntos num quarto e cozinha no quintal da casa dela. As casas eram separadas por um muro pré-montado, que eu apelidara de "muro da vergonha", pois ele foi erguido após uma briga violenta entre minha mãe e os familiares de meu pai.

Não me recordo de ter ganhado brinquedos de presente de alguém na infância. Minha mãe não achava necessário que seus filhos ganhassem brinquedos, segundo ela, era "bobagem".

Com 11 anos, eu ia brincar na casa de uma prima que era filha única. Os pais dela davam tudo o que podiam para ela. Quando eu ia brincar lá, uma outra prima que morava perto também brincava conosco de casinha com aquele monte de panelinhas e utensílios de brincadeira. Como toda criança, era só uma fazer ou falar algo que não agradava a dona dos brinquedos que ela recolhia todos, deixando-nos com cara de bobas.

Meu pai, que era católico fervoroso, inscreveu-me na catequese — na Igreja Católica, é a preparação necessária para participar da comunhão. A catequese é ministrada por católicos voluntários que recebem o nome de catequistas.

Frequentei a catequese por um ano, com um grupo de mais de vinte crianças da mesma faixa etária. No final do curso, minha catequista quis fazer um amigo secreto. As crianças perguntaram aos pais se podiam e todos aceitaram. Eu fiquei empolgada, mas decidi convencer meus pais depois que pegasse o papelzinho com o nome do meu "amigo secreto".

Uma semana antes da última aula, no final do nosso encontro, formamos um círculo onde cada um tinha de falar o que gostaria de ganhar. Não me lembro de quais foram os presentes escolhidos, mas eu pedi uma panelinha de brinquedo. Com 11 anos, alguns colegas acharam estranho o que tinha pedido, então expliquei que eu nunca tive brinquedos e que meu sonho era poder brincar em casa com as minhas panelinhas. O menino que eu tirei queria um peão, ou algo parecido. Fácil, fácil, pensei.

Contei para minha mãe toda empolgada que eu estava participando do amigo secreto e que meu amigo queria um brinquedinho qualquer. Minha mãe disse que era bobagem. Eu tive de implorar para ela comprar um presentinho para o menino, pois, se eu não levasse, ele ficaria sem o presente.

Um dia antes da brincadeira minha mãe comprou o presente. Ela comprou uma cueca para o menino. Eu chorei muito, mas nada fez com que ela se sensibilizasse para comprar outra coisa. No dia seguinte, morrendo de vergonha, pedi a uma colega de classe que levasse o presente do menino. Pensei que era melhor ele ganhar aquilo do que não ganhar nada. Não saí na rua por dias, com medo de encontrar com o menino e ele falar algo referente àquela cueca.

Fui à casa da minha avó materna no fim de semana seguinte. Quando voltei para casa, meu pai disse que minha catequista tinha passado por lá e deixado meu presente, ela que tinha me tirado no amigo secreto.

Meu pai pegou um pacote enorme, entregou-me nas mãos, sem entender muito abri o pacote e encontrei o maior, mais lindo e completo jogo de panelinhas que eu já vira na vida. Abracei a embalagem. Chorei muito. Fiquei eufórica. Nunca pensei que teria um conjunto de brinquedos tão grande como aquele. Foi um sonho realizado. Depois da euforia veio a vergonha de ter recebido um presente tão bom e ter dado um presente tão ruim. Por um bom tempo, diria até anos, desviei meu caminho para não passar próximo do local onde meu amigo secreto morava. Depois desse dia, eu evitava entrar nessa brincadeira. Como não tinha maneira de contar essa história, entrei em algumas, sempre procurando identificar o que a pessoa queria para evitar decepções.

Para mim, foi o melhor presente que ganhei em muitos anos, mas foi o pior presente que dei.

Se você está disposto a alegrar uma pessoa, brinque. Se você não tem certeza, não brinque, resista à pressão dos colegas.

Mais tarde, descobri que amigo secreto sempre causa decepção, pois ainda há pessoas que acham que presentear os outros é "bobagem".

– O PRIMEIRO BEIJO –

"Num único beijo saberás tudo aquilo que tenho calado."

Pablo Neruda, poeta chileno

Com 16 anos, cursando o segundo grau, malvestida, pois não tinha nenhuma referência de moda, com óculos "fundo de garrafa", era a vítima preferida do *bullying* praticado por algumas garotas da minha sala.

Na escola onde eu estudava, um grupinho composto pelas garotas mais populares da minha sala me detestava. Uma delas namorava o rapaz mais bonito da escola. Um dia, para me perturbar, uma delas escreveu no banheiro feminino de nosso andar que eu amava o "lindão". Quando eu fui ao banheiro, as populares me seguiram e disseram que eu havia escrito aquilo. Fiquei intimidada, saí do banheiro com medo de apanhar e esbarrei no lindão que esperava a namorada.

As meninas saíram atrás de mim, falando que eu tinha escrito aquilo na parede, o menino não se alterou, virou para mim, piscou e perguntou se eu escrevera aquilo. Eu quase gritei que não. Ele se virou para a namorada, abraçou-a e falou para ela não esquentar porque era besteira. A menina me fuzilou com o olhar, deu um beijo nele e ambos saíram seguidos das demais garotas. Naquele dia, o desprezo da líder das populares ficou bem evidente.

Durante aquela semana, algumas meninas da turma comentaram que em outro colégio teria uma festa estilo anos 60 para arrecadar dinheiro para a formatura dos alunos. Não sei por que, mas me convidaram. No sábado, fui para a casa de uma das colegas da minha sala. De lá, fomos com uma turma para a festa. O colégio estava todo decorado com luzes, enfeites, as pessoas vestidas com roupas no estilo da época. Até eu, que me vestia muito mal, estava "bonitinha", conseguira uma saia azul rodada, uma blusinha branca de botões frontais e amarrara o cabelo com uma fita azul. Confesso que estava me sentindo bem-vestida, mas deslocada. As músicas eram muito boas. O pessoal dançava a valer. Enquanto a turma dançava, eu ficava olhando ao lado da pista. Foi quando o menino mais sensacional que eu já vira na vida entrou. Eu e minha prima o paquerávamos quando ele passava na rua da casa dela. Como nos bairros a maioria das pessoas se conhece pelo menos de vista, ele sempre dava um sorriso quando nos via no portão.

Quando aquele monumento de rapaz entrou no baile, não teve quem não o notasse, mas ele viera sozinho. Para minha sorte, meu rosto foi o mais familiar que ele encontrou. Daí, para meu completo espanto, ele veio me cumprimentar.

Chegou, estendeu a mão para mim, falou o nome dele, e eu, boquiaberta, falei o meu nome. O pessoal da turma, principalmente as meninas, começaram a voltar ao local onde eu estava, e eu o apresentei a todas. Como a música estava alta, eu ficava na ponta dos pés para falar perto do ouvido dele e ele se abaixava para falar perto do meu.

Conversamos trivialidades. Ele parecia tão pouco à vontade naquele lugar quanto eu. Começou, então, a tocar uma música lenta, ele me convidou para dançar, eu expliquei que não sabia, ele insistiu e fomos dançar. Eu realmente não danço nada, mas naquele dia estava andando em nuvens.

Começamos a dançar um pouco distantes, fomos empurrados e, rindo, acabamos dançando bem próximos. Durante a segunda música, o clima era para romance, então ele me beijou. Nossa! Uau! A perna bambeou, ele me segurou e meu primeiro beijo foi trocado.

Quando você recebe o primeiro beijo, você não tem a menor ideia do que vai acontecer. O impressionante é que para o outro, às vezes, não é a primeira vez, o que faz com que você se sinta estúpida, trêmula e desorientada. Quando há emoção no ato de beijar, o saborear os lábios do outro já causa tremedeira.

Dançamos mais um pouco. Quando recomeçaram as músicas agitadas, ele me levou num pilar do pátio da escola e ficamos trocando beijos por horas. De vez em quando eu via alguém da minha turma olhando boquiaberto enquanto a gente se beijava. Foi bem engraçado.

Se naquele tempo tivesse celular, com certeza teriam postado em todos os grupos do colégio fotos do acontecido. A experiência foi muito boa e colhi os frutos da popularidade depois disso. Afinal, ninguém entendia por que aquele garoto maravilhoso tinha ficado comigo. As meninas queriam saber o que tinha acontecido, quem era ele, de onde eu o conhecia etc. Admito que aumentei um pouco a história dizendo que ele era meu namorado.

Depois que eu beijei aquele rapaz, não comecei a fazer parte da "turma", entretanto ganhei o direito de ser "respeitada". As pessoas te valorizam ou desvalorizam por nada. A líder das garotas populares parou de me infernizar, mas me olhou com desprezo durante os dois anos seguintes que estudamos juntas.

Alguns meses depois da festa, chorei porque ele rompeu o namoro comigo. Só que não! Perdi meu tempo dando satisfação para pessoas que realmente não se importavam comigo, mas foi um excelente aprendizado. As pessoas que nos desprezam o fazem por insatisfação consigo mesmas. Assim como alguns de nós escolhemos nos colocar como vítimas e não reagimos, outros procuram uma pessoa para se tornar "responsável" por todas as lamúrias de sua vida. Muitos procuram fora de si mesmos a solução para problemas que se encontram introjetados em suas próprias mentes. Quando decidimos que somos responsáveis por muito do que ocorre em nossas vidas e que pouca coisa é aleatória, nos tornamos mais felizes.

Nesse "evento mágico", eu disse "sim" para a sorte.

– MEDO –

"Quando a dor de não estar vivendo for maior que o medo da mudança, a pessoa muda."

Sigmund Freud, criador da psicanálise e
médico neurologista austríaco

Basicamente, há dois tipos de medo: o medo que nos mantém vivos e o medo que nos mantém parados. O primeiro deve ser respeitado; o segundo, desafiado. Vou misturar os dois para destacar alguns pontos. A acrofobia (medo de altura) serve para que não nos arrisquemos em um lugar mais alto do que o nosso corpo suportaria caso caísse, porém esse mesmo medo faz com que num passeio de aventura você simplesmente congele sobre uma ponte ao fazer arborismo a cinco metros de altura. Como você consegue chegar até a metade do trajeto, parar e apavorar-se? Durante o começo, a adrenalina, com o incentivo dos colegas, faz com que você inicie a passagem, mas quando estão sob a pressão de atingir o objetivo de atravessar a ponte, todos se calam ou até mesmo demonstram um medo que não tinham inicialmente; você passa, então, a enxergar somente o que pode dar errado, olha a altura, sente vertigem, olha o espaço entre um apoio e outro, deixa de pensar na finalidade de atravessar a ponte e fica pensando apenas em como seria cair dela, você se esquece do equipamento de segurança ou simplesmente acha que ele não vai aguentá-lo, daí o pavor se instala e você trava sobre a ponte.

Quando vai socorrer alguém que está preso a muitos metros do chão, o bombeiro vai até a pessoa e faz contato visual, olho no olho, para gerar confiança, e pede para que ela não olhe para baixo. Se a pessoa olhar para baixo, o pânico se instala. Em pânico, não agimos racionalmente, correndo o risco de colocar a nossa vida, e a de outros, em perigo.

Para controlar o medo, devemos racionalizar positivamente: o equipamento está seguro, muitas pessoas já fizeram isso antes, se eu cair vou ficar apenas pendurado, o caminho é curto, já está acabando, eu vou até o fim.

O medo pode ser controlado, devemos tomar cuidado quando ele nos paralisa para outras coisas, como ser empresário ou empreendedor. O medo é real ou é o resultado do seu repertório (história) de vida? Nesse caso, existem pesquisas e estatísticas referentes ao mercado de negócios que podem ser consideradas na hora de tomar uma decisão. É autopreservação ou insegurança? Somente você pode resolver as suas inquietações. Tenho certeza de que você sabe a resposta, mas algumas vezes não quer encará-la.

O que você tem a perder se resolver encarar esse "medo"? Se for sua vida, sua família, ou tudo que você conquistou até este momento, não faça. Se o risco for perder todo o seu dinheiro e você tiver saúde para conquistá-lo novamente, por que não? O dinheiro é um meio de você obter outras coisas, ele existe para circular e não para ficar parado numa conta corrente ou usado como brinquedo.

Quem impõe nossas limitações somos nós mesmos com o famoso "eu não consigo...".

Eu não consigo voar (fato). Eu consigo voar de avião, asa-delta, balão, parapente (ih! Verdade!).

Tenho muito medo de lagartixa. Quando vejo uma, fico com o coração disparado de medo de ela vir para o meu lado, então bato na parede com qualquer objeto até ela sair da minha casa, pois, racionalmente, admiro esse bichinho que come insetos, mas não consigo evitar o medo, só enfrentá-lo expulsando-a, apesar de nenhuma vez ter sido fácil.

Meu pai conta várias histórias de como lhe ofereceram excelentes negócios para entrar como sócio e que ele não aceitou. Conta como, em seguida, esses amigos conseguiram êxito com esses negócios. Ele tem um arrependimento mesclado com tristeza por não ter sido ousado.

Prometi a mim mesma que não teria essas histórias para contar. E não tenho. Não me arrependo das coisas que fiz, pois arrisquei quando podia e me preservei quando foi necessário. Por duas vezes me ofereceram sociedade. Enquanto o negócio estava apenas no campo das ideias, no planejamento, éramos sócios, mas quando ia se concretizar, ofereciam-me um emprego. Eu desisti de ambos, os negócios não foram adiante.

Enfrentar um medo exige confiança em seus instintos, vontade de seguir em frente. Contudo, pode ser que você não consiga superá-lo na primeira vez. Caso isso ocorra, respeite-se, perdoe-se e continue tentando. Comemore cada pequena vitória, você é muito mais que seus medos.

– AMAR-SE –

"Amar a si mesmo é o começo de um romance para toda a vida."

Oscar Wilde, escritor, dramaturgo e poeta irlândes

Li certa vez que, se você não conhece ao menos uma pessoa que te odeia, você está se iludindo e vivendo com lentes cor-de-rosa. Amar você nunca será uma unanimidade.
A pessoa que mais tem de te amar é você mesmo! Pode ocorrer em sua vida gostar de alguém que não goste de você. Conselho: esqueça esse alguém. Como? Encontrando alguém que goste de você. Não é fácil, mas você merece mais.
Aprenda a gostar da sua companhia. Se você não suporta ficar sozinho, porque outra pessoa iria gostar de estar com você? Utilize o tempo sozinho para se conhecer, escolher o que faz seu coração disparar e o que deixa seu espírito em uma deliciosa calmaria.
Morei dois anos sozinha. No primeiro ano, passei ano-novo e Natal desacompanhada. Lembro com alegria que escolhi ficar só nessas ocasiões. Preparei a mais deliciosa ceia de Natal e o mais colorido prato de ano-novo. Curti a minha companhia e agradeci muito a Deus por tudo de bom que ocorrera naquele ano. Não foi um ano fácil, contudo houve muitas experiências novas e gratificantes. Eu poderia deixar o que foi difícil se sobrepor ou ficar

triste por estar sozinha, contudo escolhi me lembrar das coisas boas e da superação das coisas difíceis.

Tive a chance de me sentir livre, não precisava dar satisfação para ninguém. Com as dores que sentira naquele ano deixei de me importar com o que os outros pensavam a respeito da minha vida. Foi um ano revelador, descobri que eu poderia viver bem comigo mesma.

Aprender a me amar foi bem difícil, porque aprendi a ser mais crítica comigo que com os outros. Cobrava de mim resultados que os outros atingiam, fazia comparações com outras pessoas, olhava apenas as qualidades, e estas destacavam meus defeitos. Queria ser perfeita, não aceitava menos que isso. Se houve alguma pessoa perfeita na Terra, Papai do Céu já levou. Busquei meu perdão por não ser perfeita e descobri que ninguém é.

Enquanto eu mostrava minha verdadeira face, outros se escondiam atrás de máscaras sociais que só mostravam qualidades. Senti-me um misto de decepção e felicidade.

Quando comecei a me amar, meu humor mudou. Passei a não me deixar influenciar negativamente pelo outro. Quando sinto que a conversa ou a atitude de alguém está me contaminando, desvio a atenção para um novo assunto, ou me afasto e vou ouvir música. Mesmo querendo ajudar, passei a admitir que o problema é do outro, e não meu. Sentia-me tão feliz com minha vida que comecei a atrair pessoas para junto de mim.

No ano seguinte, na véspera de Natal, uma amiga ligou perguntando onde eu passaria a data, e eu tranquilamente respondi que seria em casa, que eu já tinha preparado meu lanche da meia-noite. Inconformada, ela disse para eu me trocar, pois estava vindo me buscar em casa para passar a ceia de Natal com a família dela. Nenhum argumento conseguiu convencê-la de que eu estava contente de passar o Natal sem ninguém. Eu fui e foi ótimo! Tão bom quanto a liberdade de ficar sozinha é o calor da amizade. Descobri que, dependendo do momento, almejamos ser livres ou cativos por um abraço.

- O REI NA SELVA -

"A maior habilidade de um líder é desenvolver habilidades extraordinárias em pessoas comuns."
Abraham Lincoln, 16º presidente dos Estados Unidos e político norte-americano

Para ser rei só há duas opções: ou nasce rei ou é aclamado rei. A única escolha verdadeira na selva é: você quer, ou não, ser rei?

Se sua opção for não ser rei, seja bom o suficiente para tornar o reino onde habita melhor por você existir. Porém, se a escolha for outra, saiba que na multidão à qual pertencemos, para ser aclamado rei, é necessário ser um excelente líder.

Pense em como encaramos os reais líderes: admiramos seu conhecimento, invejamos sua notoriedade, amamos quando dividem seu saber, idolatramos quando valorizam nossas colaborações.

Precisamos de pelo menos uma pessoa que acredite em nós, e o líder acredita. O melhor líder é aquele que consegue incentivar seus subordinados a transformar defeitos em qualidades. Ser líder é saber que ninguém é perfeito e, ao mesmo tempo, acreditar que todos podem se tornar melhores com o incentivo certo.

Os incentivos mais valorizados são os imensuráveis, como ouvir as opiniões dos outros, dar apoio, encorajar o autodesenvolvimento, apontar direções e oferecer elogios verdadeiros. Finalmente, quando tudo dá certo, lembre-se de suas origens. Seja grato àqueles que te ajudaram. Incentive e inspire as pessoas a atingirem patamares mais altos. O sucesso é uma definição pessoal, mas reconheça que só é possível por meio de outras pessoas.

Com o poder, vem a responsabilidade. Quando se é rei, os deveres para com seu reino são grandes: mantê-lo, administrá-lo, protegê-lo, expandi-lo; e esses deveres se estendem sobre toda a família que nele habita. Se o rei não cuidar de sua selva, ela pode se tornar um deserto, o que será prejudicial a todos.

- INVISÍVEL -

"É saudável rir das coisas mais sinistras da vida, inclusive da morte. O riso é um tônico, um alívio, uma pausa que permite atenuar a dor."

Charles Chaplin, ator, comediante, roteirista e músico inglês

Eu queria lembrar quando foi a primeira vez que me senti invisível. As pessoas só não passaram através de mim porque existo em matéria e forma, mas acredito que, se pudessem, teriam me atropelado sem se importar com a dor que infligiriam.

Sentir-se invisível não é de maneira alguma um superpoder, é consequência do ápice da indiferença humana. Quando nos tornamos invisíveis, nos fechamos em nosso mundo interno e não queremos compartilhar nada que seja nosso com o mundo externo.

Um ser invisível é aquele que não é lembrado, não é notado, não é ouvido, não é considerado útil no sistema de valoração do outro. Pode passar despercebido num ambiente de trabalho, na família, na sociedade, mas, quando se torna invisível em todos os ambientes, ele realmente desaparece, deixando para trás muitas perguntas sem respostas.

A invisibilidade provoca uma reação de dentro para fora (rejeição ao outro) ou de fora para dentro (rejeição a si mesmo). A rejeição ao outro se converte em revolta, rancor, raiva, ódio. A rejeição a si mesmo torna-se tristeza, desprezo e o real desejo de desaparecer.

Quem já foi invisível em algum momento sabe que a sensação é de decepção, abandono, desalento, solidão. Para disfarçar a invisibilidade, podemos nos tingir de cores fortes, mas isso é só uma máscara temporária.

Contra a invisibilidade, o único antídoto é encontrar o valor inerente a cada pessoa, encontrar o próprio valor.

Na sociedade, temos a impressão de que somos substituíveis, nosso valor é calculado com base no quanto podemos fazer pelos outros, e se não podemos fazer nada, somos descartados. O que se esquece é que as pessoas não são descartáveis, mas sim são seres únicos.

Para provar que somos insubstituíveis, peço que você se recorde de alguém bom que já tenha falecido. Uma pessoa comum e próxima a você. Como a vida dessa pessoa te influenciou? Passamos despercebidos no Universo, mas na vida e na convivência com as pessoas próximas mudamos tudo ao redor.

Uma pedra no chão não sente nada, mas muda a direção daqueles que passam por ela. Quer seja para desviar, escorregar, pular sobre ela, tropeçar ou levá-la no sapato, causando uma dor incômoda. E quando nos sentimos invisíveis, deixamos de notar o que acontece ao nosso redor.

Não se vence a invisibilidade sem a ajuda de um grande cientista. O cientista poderá ser um profissional da psique ou a própria pessoa através do aumento do seu conhecimento sobre si mesma.

A visibilidade pode ser alcançada agregando valor a nós mesmos. Com o reconhecimento gradativo de nossas qualidades, podemos escolher estar felizes, ser altruístas, apresentar-nos de maneira agradável, praticar a gratidão, adquirir novos conhecimentos, melhorar nossa postura diante da vida, observar o nosso redor, olhar-nos no espelho, enxergar os outros, compreender as pessoas próximas, transmutar defeitos em qualidades.

Todo dia pela manhã, ao abrirmos os olhos, começamos a fazer nossas escolhas do dia. O meu conselho é que você faça sempre as melhores escolhas. Não podemos mudar como as pessoas se sentem com relação a nós, mas podemos mudar a maneira como encaramos a opinião dos outros a nosso respeito. Quem te vê, só enxerga um pedacinho muito pequeno de quem você realmente é. Escolha ser tão grande quanto a consciência que habita em seu corpo. Sua alma é uma centelha divina, acredite no poder dessa centelha e não deixe ninguém impedi-la de brilhar. Ao sentir-se invisível, faça com que a luz que há em você brilhe, iluminando sua vida e se propagando até atingir a vida daqueles que estão próximos. Afinal, essa luz, apesar de invisível, ajuda a revelar tudo que há de bom ao seu redor.

– FÉ –

"A força mais potente do universo é a fé."

Madre Teresa de Calcutá, religiosa católica
albanesa naturalizada indiana

A frase mais estarrecedora que já escutei alguém dizer sobre acreditar em Deus foi que "até o Diabo acredita em Deus". Acreditar em Deus é muito pessoal. Acreditamos, ou não, à nossa maneira. E ter fé é como ter uma sopa quentinha quando estamos com frio e fome.

Tenho algumas experiências em sentir Deus presente. Vou contar uma que foi bem intensa.

Eu gostava muito de crianças e sonhava com o dia em que seria mãe. Durante um casamento de quase sete anos, engravidei uma única vez. Esse bebê foi planejado, desejado e querido. Desde o início da gravidez, comecei a ter pequenos sangramentos, e o médico disse que eu deveria observar caso se agravasse.

Com doze semanas, comecei a ter um sangramento mais intenso de madrugada, meu marido acordou para ir trabalhar e sugeriu que eu ficasse de repouso. Algumas horas depois de ele sair, o sangramento piorou. Comecei a ficar zonza, e decidi ir ao hospital que ficava a trezentos metros do apartamento onde eu morava.

Eu realmente não vi nem ouvi ninguém até chegar à recepção do hospital. Quando adentrei a porta, uma das recepcionistas correu até onde eu estava, e eu desabei sobre uma cadeira. Lembro vagamente de dizer a ela que estava grávida e com hemorragia. O que se passou depois foi uma mistura de luz, sons e emoções.

Depois de medicada, o profissional de plantão fez um ultrassom e, sem delicadeza nenhuma, disse que meu bebê estava morto, que eu necessitava retirar o que sobrara dele do meu útero por meio de uma curetagem, que meu convênio não cobriria, pois estava na carência, e queria saber se eu tinha alguém para me buscar. Comecei a chorar. E ele perguntou por que eu chorava. Se eu tivesse forças, teria batido nele. Só consegui falar que era por causa do bebê. Ele insistiu em perguntar o que eu faria a seguir; com a medicação, a hemorragia cessara, então respondi que queria ir para casa.

Da mesma maneira que fui andando para o hospital, voltei para casa numa longa, solitária e triste caminhada.

Quando cheguei em casa, a dor emocional era indescritível. Sentei ao lado da cama e chorei soluçando sem parar. Então me lembrei de Deus. Comecei falando entre soluços sobre como eu queria aquele bebê, sobre a maneira como eu fui destratada no hospital, sobre a dor que eu sentia, o sentimento de solidão... Enquanto eu falava e chorava, senti como se uma luz muito forte me envolvesse, senti como se eu estivesse sendo abraçada, acalentada. Chorei mais ainda. Senti que aquela luz limpava a minha alma. Senti uma paz muito grande.

Naquele dia, eu realmente senti a presença de Deus ao meu lado. Muitos anos depois, pude ser mãe de um ser humano maravilhoso.

Já passei por muitas decepções, tristezas, dor, solidão a dois, solidão no meio de uma multidão, solidão solitária, desafios, provas, alegrias, superações, vitórias; e nessas ocasiões sempre me lembrei de Deus. Ele me deu coragem, colocou a esperança no meu coração, mostrou-me que tudo pode ficar bem, e que mesmo o mal que passa em minha vida serve, a longo prazo, para meu benefício. Quando pertenci a uma igreja evangélica, tive a oportunidade de dar aulas sobre a Bíblia. Em dois anos, li de Gênesis a Apocalipse. Algumas partes eram bem chatas, mas a maioria era cheia de ação, romance, traição, guerras, disputas, superação e conselhos. É uma recomendação de leitura que faço com os olhos fechados e o coração aberto.

Algumas passagens da Bíblia me deram forças em várias situações pelas quais passei, compartilho com vocês as que mais gosto até hoje. Compilei as mensagens a seguir de *A Bíblia Sagrada*, traduzida para o português por João Ferreira de Almeida, na sua segunda edição publicada pela Sociedade Bíblica do Brasil em 1993. Comprei-a em 1994 num supermercado, e foi uma das minhas melhores aquisições.

"Considerai como crescem os lírios do campo: eles não trabalham, nem fiam;

Eu, contudo, vos afirmo que nem mesmo Salomão, em toda a sua glória, se vestiu como qualquer deles.

Ora, se Deus veste assim a erva do campo, que hoje existe e amanhã é lançada no forno, quanto mais a vós outros, homens de pequena fé?" (Mateus 6:28-30)

Esta passagem fez com que eu tivesse a certeza de que Deus olha por cada um de nós.

"Sabemos que todas as coisas cooperam para o bem daqueles que amam a Deus." (Romanos 8:28)

Cada dificuldade superada serviu para me tornar mais forte e grata. Descobri que não tenho que saber o porquê de tudo, preciso apenas seguir o meu caminho.

"Ao anoitecer pode vir o choro, mas a alegria vem pela manhã." (Salmos 30:5)

Tudo na vida passa. Às vezes, por nossa própria escolha, a noite dura mais do que deveria.

"Tudo tem o seu tempo determinado, e há tempo para todo o propósito debaixo do céu:
há tempo de nascer, e tempo de morrer; tempo de plantar, e tempo de arrancar o que se plantou;
tempo de matar, e tempo de curar; tempo de derribar e tempo de edificar;
tempo de chorar e tempo de rir; tempo de prantear e tempo de saltar de alegria;
tempo de espalhar pedras, e tempo de ajuntar pedras; tempo de abraçar, e tempo de afastar-se de abraçar;
tempo de buscar e tempo de perder; tempo de guardar e tempo de deitar fora;
tempo de rasgar e tempo de coser; tempo de estar calado e tempo de falar;
tempo de amar e tempo de aborrecer; tempo de guerra e tempo de paz." (Eclesiastes 3:1-8)

"Aquilo que o homem semear, isso também ceifará." (Gálatas 6:7)

Aprendi a aproveitar melhor os momentos que vivo e semear o que desejo para o futuro.
Creio que devemos respeitar a fé de todos. Veja mais uma história: notei que uma colega de trabalho usava

roupas brancas toda sexta-feira. Curiosa, perguntei o porquê, ela me explicou que era umbandista e que ia trabalhar voluntariamente no terreiro que frequentava.

Já vi muito católico e evangélico dar desculpas para não ir à missa ou ao culto vez ou outra, mas durante os dois anos em que trabalhamos juntas não vi essa colega faltar um dia sequer em seu terreiro. Ela ia com alegria praticar a religião que ela escolheu. Sei que muitos criticariam a escolha dela, mas será que os críticos possuem a mesma fidelidade e a mesma bondade que ela expressa na vida?

Lembro-me do conselho de minha avó quando deixei de ser católica e fui conhecer outras religiões: "para que suas crenças sejam respeitadas, você tem de respeitar a religião dos outros". Temos de ser melhores seres humanos na crença que escolhemos e respeitar a fé alheia.

Certa vez, uma garota fazendo proselitismo (algumas religiões fazem isso) disse que a religião dela era a verdadeira e que todas as outras não eram. Eu acredito no bem, independente de religião. Ela me contestou perguntando se, caso tivesse um copo de água com um pouco de veneno sobre a mesa, eu o beberia. Respondi rapidamente que não, e ela, feliz, sentiu que tinha provado seu ponto de vista. Depois comecei a filosofar a respeito e cheguei à conclusão de que, se quisesse me tornar imune ao veneno, talvez tivesse de consumi-lo em pequenas doses.

Religião: escolha uma que fale com a sua alma, o incentive a ser melhor e o aproxime de Deus, o restante é entre você e Ele. Não cabe a ninguém questionar a sua fé.

– O SEGREDO DA FELICIDADE –

"Ser feliz sem motivo é a mais autêntica forma de felicidade."

Carlos Drummond de Andrade,
poeta, contista e cronista brasileiro

A felicidade independe de saúde, de dinheiro, de companhia, de reconhecimento, de sucesso. Ela depende só da sua escolha. Você pode estar feliz sem nada, ou escolher ser infeliz com tudo. Quando você escolhe algo fora de si para te fazer feliz, você está terceirizando sua felicidade. Escolher estar feliz é uma decisão que a cada segundo é testada e testada. O segredo da felicidade é simples e muito complexo. Para estar feliz a cada momento, você tem que escolher estar feliz, perdoar e agradecer.

A todo instante temos de exercer o perdão e agradecer àquela centelha divina em que cada um acredita.

Realmente não sei o que é mais difícil: perdoar ou dar graças. Para mim o mais fácil é dar graças. Agradecer até mesmo pelas provas da vida é fácil quando acreditamos que elas, a longo prazo, serão para o nosso bem. A experiência me mostrou que tudo de ruim que aconteceu em minha vida virou história e pude aprender algo com aquilo.

Para algumas pessoas, ser grato é muito complexo, pois não conseguem enxergar a interferência de outros seres humanos em suas vidas. Um exemplo "bobinho": se você está lendo isto hoje, foi porque alguém inventou a energia elétrica, o computador, o papel, e tantos outros recursos.

Se procurarmos, há uma infinidade de coisas e pessoas para agradecer. Meu exemplo: sou grata à minha mãe e ao meu pai por me deixarem nascer, por terem deixado que minha avó paterna me criasse; sou grata ao meu pai não ter se importado em como eu ia à escola, pois me tornou mais responsável; sou grata às pessoas que praticaram *bullying* comigo, pois pude aprender a dor de ser excluída, o que me tornou mais sensível à dor do outro; sou grata ao meu tio Loi por me mostrar a dor de sua decepção por algo que fiz, fazendo aflorar em mim a necessidade de escolher fazer o que é certo; sou grata a cada professor que me ensinou o pouquinho que sei; sou grata aos meus amigos, que me fazem ser melhor; sou grata ao meu filho, que me faz crescer a cada dia; sou grata à minha mãe, que me ensina diariamente a ter paciência; sou grata à minha tia Luci, que me mostra um outro ponto de vista; sou grata à minha tia Liene e à minha prima Jacklyn pela generosidade em compartilhar o que têm; sou grata à minha tia Lia por ser meu exemplo de mãe; sou grata ao meu pai por me contar algumas de suas más escolhas e me fazer não querer repeti-las; sou grata à minha irmã Kelly por ter me ajudado quando criança no pouco tempo que convivemos; sou grata ao meu irmão Boris por sua fé pura me ensinar que, mesmo quando somos diferentes, podemos ensinar algo; sou grata à minha falecida avó Irene, que me ensinou que tudo pode dar certo; sou grata ao meu ex-marido Edilson, que me mostrou o valor do trabalho; e sou sempre grata a Deus por tudo.

    Da gratidão à graça. Amo fazer as pessoas sorrirem, talvez por isso para mim seja muito fácil dar graças.

    Quando falo em perdão, lembro-me da passagem da Bíblia em que Jesus fala que, se alguém lhe dá um tapa, você deve dar a outra face, mas em momento nenhum ele fala que você deve se manter ao lado daquela pessoa. Perdoar não significa aceitar qualquer coisa que o outro faça, perdoar significa esquecer e seguir em frente. O perdão requer esquecimento daquela situação, fato ou pessoa. Perdoar é esquecer, não mais recordar, porque recordar traz de volta a emoção do ocorrido, é sofrer novamente. Às vezes, temos de perdoar mais de uma vez. Temos de perdoar a pessoa e perdoar a nós mesmos por nos lembrarmos daquela situação. Revivendo a emoção, temos de perdoar de novo.

Para perdoar, não procure culpados, não tente entender o porquê daquilo, não tente justificar o ocorrido, não terceirize sua vida, perdoe, esqueça e siga em frente. Na viagem da vida, quanto mais fardos carregamos, mais dura se torna a caminhada. Perdoe e deixe na beira da estrada o que poderia te manter inerte por anos.

Todos os dias, podemos mudar o rumo de nossa história. Acredite nisso e aja para que aconteça. O que você quer para você? Sem ação não há movimento. Que direção você quer seguir?

Estar feliz ou sentir felicidade depende da escolha que fazemos a cada momento. Quando agradecemos, reconhecemos o outro; quando perdoamos, valorizamos o nosso bem-estar.

– NATUREZA –

"Viva em harmonia com as leis da natureza e você nunca será pobre. Viva em harmonia com opiniões alheias e nunca será rico."

Sêneca, escritor e advogado romano

Há muitos anos, a ideia de sair do campo e vir para a cidade era encarada como uma maneira de se tornar bem-sucedido. Acredito que essa crença acabou inculcando na mente das pessoas que as folhas das árvores, quando caem no chão, são lixo, que a terra é suja. Mas isso é uma falácia. As folhas que caem no chão servem de adubo para a própria árvore, garantindo a ela a fertilização da terra ao seu redor e a sua continuidade.

Tudo que envolve a natureza é tão equilibrado, com senso de finalidade e perpetuidade, que, quando pesquisado, nos assombra e pensamos "UAU! Como pode ser?". Os apaixonados por biologia podem falar disso melhor que eu.

A natureza é divina!

A natureza vive melhor sem o homem, mas o homem NUNCA poderá viver sem a natureza.

Aqui nos trópicos, o calor que tem feito no verão é escaldante. Ao passarmos embaixo de árvores frondosas, a sensação de alívio é tão grande que queremos ficar o tempo todo nesse local.

Os bairros mais valorizados das grandes metrópoles são os arborizados. Contudo, muita gente ainda não consegue ver o quanto o homem depende da natureza.

A água, no contexto da natureza, é mais que divina, pois nosso corpo é composto por mais de setenta por cento dela.

A água é tão importante para nós quanto um diamante líquido — utilizo diamante como exemplo porque todos sabem do valor dessa pedra. Se você mora em uma grande metrópole, com certeza já passou algumas horas sem água. Imagine se não houvesse mais água em sua torneira. O "dono" desse recurso líquido seria a pessoa mais rica do planeta. Na atualidade, a busca por tornar as fontes d'água em uma oligarquia mundial acontece nos bastidores do poder.

Quando falamos em preservar a natureza, estamos falando em preservar a raça humana. A exploração indiscriminada realizada pelo homem em busca de lucros está ameaçando a vida animal na terra, incluindo o homem.

E o que podemos fazer hoje? A solução mais simples é começar a respeitar a natureza. Você gostaria que jogassem lixo em você? Então não jogue lixo na rua, na praia ou em qualquer lugar que vá. Dê o descarte adequado a tudo que você joga fora.

Cultive plantinhas em casa: é muito meigo, enfeita a sua casa e deixa o ambiente mais alegre.

Recicle: separe o seu lixo e, se não houver coleta seletiva em seu bairro, procure um local onde possa levar os produtos a serem descartados. A natureza agradece.

Reutilize: podemos usar algo para outra coisa que não seja necessariamente sua função principal, use a criatividade.

Doe: doe o que não tem utilidade para você e o que o seu coração mandar: roupas, tempo, dinheiro, comida. E, se seu coração não mandar, doe também, racionalize pensando que precisa de mais espaço, ou que precisa ocupar seu tempo, ou qualquer desculpa que seu lado racional precise.

Informe-se: mantenha-se informado sobre o que acontece ao redor, em nosso país e no mundo. Comece a ver além do que lhe é exposto: o que existe nas reservas indígenas que o "homem branco" deseja tanto? Os índios estão explorando a reserva ou conservando-a? O interesse do "homem branco" é conservar aquela reserva natural ou simplesmente explorá-la até sua extinção? Lembre-se de que a Terra está sendo ferida pela ganância do homem, e quando ferida, mesmo sem querer, fere. Podemos ver pelos terremotos, *tsunamis*, furacões, relâmpagos, granizos, inundações, deslizamentos etc.

Divulgue informação: caso tome ciência de algo que afete diretamente a natureza, mas que a maioria das pessoas não consegue fazer a conexão a longo prazo, "desenhe" para que os outros entendam, não tenha medo de ser "chato", faça sua parte.

Cito aqui o risco de extinção das abelhas devido ao uso de agrotóxicos no mundo. O Brasil, neste momento, liberou a utilização de vários agrotóxicos que não são utilizados em outras partes do planeta devido à alta toxicidade. As abelhas serão as maiores afetadas pela introdução desses venenos nas culturas agrícolas. O problema não é ficar sem mel, vamos desenhar? A abelhinha vai de flor em flor, e o pólen que fica em seu corpinho serve para polinizar as plantas, apenas com a polinização as plantas produzirão frutos. Com exceção de alimentos que são polinizados pelo vento ou por outros animais, as abelhas são responsáveis pela polinização da maioria das frutas, como maracujá, melancia, maçã etc. No Chile, tem-se "alugado" colmeias para garantir a qualidade dos frutos produzidos, pois a polinização feita pelas abelhas produz frutos de qualidade superior à realizada pelo vento, ou por outros meios. Quem gosta de abobrinha, açafrão, ameixa, coentro, girassol, lavanda e morango, por exemplo, deveria amar as abelhas, pois a polinização é feita por elas.

Consumo consciente: compre apenas o que você precisa realmente, evite desperdícios. Bens de consumo imediato, como alimentos, devem ser consumidos racionalmente, analise se irá utilizá-los antes que estraguem. Um quilo de tomate estragado na geladeira significa que você está jogando seus reais na lixeira. Economia de água, luz elétrica e combustível é tão bom para a natureza quanto para suas finanças.

Quando você se esforçar fazendo algo pela natureza, estará fazendo em benefício próprio. E não se estresse se "os outros" não fizerem, dê o exemplo. Nós todos estamos em constante aprendizado: uns tomam consciência cedo, alguns adquirem conhecimento pelo caminho, outros morrem em total ignorância. Qualquer que seja o seu caso, a natureza seguirá o seu curso, com ou sem você.

– PESSOAS COMUNS TÊM VIDAS INCOMUNS –

"As escolhas levam a hábitos. Hábitos se transformam em talentos. Talentos são chamados de dons. Você não nasceu desse jeito, você se tornou assim."

Seth Godin, escritor, executivo de *marketing*
e palestrante norte-americano

Num futuro próximo, robôs substituirão humanos, mas os seres humanos ainda existirão com suas emoções contraditórias e buscas incessantes. Cada um com seu universo interno.

Estando em São Paulo, Rio de Janeiro, Brasília, Roma, Paris, Lisboa, Belgrado, Zâmbia, Tóquio, Acapulco, Las Vegas, ou em qualquer local do mundo, as emoções serão as mesmas em todo ser humano, porém a maneira como cada um vive, ou conta sua história, é diferente.

Eu gostaria muito de ouvir a sua história. O que você se lembra de sua infância, o que te marcou na adolescência, como você encara a vida adulta e o que pensa sobre a morte. Começo, meio e fim.

Todos temos vidas extraordinárias, nós as tornamos ordinárias no dia a dia. Você se lembra daquele dia em que quase foi atropelado, do quanto chorou quando perdeu um ente querido, ou um animal de estimação, e de como aprendeu a conviver com essa ausência. Recorda-se dos dias que gostaria que não se repetissem e dos dias que deseja nunca terem acabado. Sua vida é extraordinária. Entre bilhões de pessoas no mundo, você é especial, porque ninguém sabe as agruras, as amarguras, as conquistas, as superações e a felicidade de ser você. Apesar de sermos biologicamente semelhantes, não somos iguais, nossos repertórios são diferentes, a maneira como interpretamos o mundo é multifacetada. Nossa "verdade" não é a única, e entender isso nos enriquece dia a dia.

Fato é que você não é o centro do universo, porém pode criar um vórtice que se expande além de você e atinge a vida de outras pessoas. Como? Escolhendo estar feliz. Espalhe gentileza. Perdoe aquele que pisou no seu pé e atingiu a sua unha encravada (literal e figurativamente). Ria de coisa nenhuma. Presenteie sem desejar presentes. Faça-se presente. Seja um presente para alguém.

Todos temos tristezas e alegrias, mas cabe a você decidir em que ponto da sua vida você quer ficar mais tempo.

Cada vida é repleta de ocasiões extraordinárias, de superações mágicas, de sonhos realizados, de vitórias inesperadas, de uma história única.

Dependendo de onde você parar de contar sua história, ela sempre terá um final feliz. E se sua história não teve um final feliz, é porque ainda não chegou ao final.